// 黄荣华 女士 /

亚洲教练界宗师。大学主修管理，澳大利亚新英格兰大学咨询硕士，曾于美国哈佛大学肯尼迪政府学院深造。人本教练研究中心创始人，公益活动“成长心连心”创办人。

// 梁立邦 先生 /

亚洲企业教练学宗师。拥有文学学士、企业管理硕士及心理咨询硕士学位，曾前往美国加州深造。目前为人本教练研究中心教练。

九点领导力的训练是一个心态调适的过程，是一个内心的旅程，这个旅程可能不是一帆风顺的。当你有任何的需要时，可到我们的网站寻求尊贵传承教练的帮助，我们的网址：

rencoaching.com

人本教练模式系列效率手册

九点领导力之欣赏篇

黄荣华　梁立邦　著

浙江工商大学出版社
ZHEJIANG GONGSHANG UNIVERSITY PRESS

图书在版编目（CIP）数据

九点领导力之欣赏篇 / 黄荣华，梁立邦著．— 杭州：浙江工商大学出版社，2018.11

（人本教练模式系列效率手册）

ISBN 978-7-5178-2947-8

Ⅰ．①九… Ⅱ．①黄… ②梁… Ⅲ．①领导学—通俗读物 Ⅳ．① C933-49

中国版本图书馆 CIP 数据核字 (2018) 第 205773 号

九点领导力之欣赏篇

黄荣华　梁立邦　著

责任编辑　谭娟娟
封面设计　王杨帆
责任印刷　冯国田
出版发行　浙江工商大学出版社
　　　　　（杭州市教工路 198 号　邮政编码 310012）
　　　　　（E-mail:zjgsupress@163.com）
　　　　　（网址 :http://www.zjgsupress.com）
电　　话　0571-88904980　88831806（传真）
排　　版　程海林
印　　刷　北京旭丰源印刷技术有限公司
开　　本　880mm × 1230mm　1/32
印　　张　8
字　　数　145 千
版 印 次　2018 年 11 月第 1 版　2018 年 11 月第 1 次印刷
书　　号　ISBN 978-7-5178-2947-8
定　　价　45.00 元

目　录

第一部分　理论介绍

第二部分　具体操作

第三部分 总结补充

第一部分

理论介绍

关于效率手册

欣赏能力九步曲

祝贺你！选择这本《九点领导力之欣赏篇》，这表明，你已迈出释放你的欣赏力的第一步。接下来，简单地说，只需九步，三个月后，你会发现你的与生俱来的欣赏力将得以完全发挥！

第一步：选择本效率手册

你已完成了！

第二步：欣赏力测试

你可以登录人本教练研究中心网站 rencoaching.com，测试你欣赏力的运用情况。根据这份测试报告，来设定、检视及修正你的目标和行动计划。

>>> 第三步：设定三个月目标及行动计划

你清楚自己要去的目的地吗？三个月的目标就是前往目的地途中所要到达的地点，行动计划是在这三个月中，你选择的路上行走痕迹和生命的印记。只要设定切实的目标及行动计划，你就可以走到你想要到达的目的地。

在看完目标设定指引和 SMART（S=specific、M=measurable、A=attainable、R=relevant、T=track-able）目标设定系统后，你就可以进行这一步了。

>>> 第四步：学会欣赏自己

在这部分，你将学会如何欣赏自己，作为欣赏的开端。

>>> 第五步：现状检视 / 周检视 / 月检视

成功不仅需要目标和行动，更需要检视。

检视会令自己警醒，本效率手册专门设计的检视表，会令你发现平时没有留意的一些层面及不同层面的比例，能让你看到哪些是要重视的、哪些是要调整的，然后你自己可以选择是否要把这些内容放进你的行动计划里。

请认真填写检视表。你可能随时都会检视，当然你可以用你自己的方式来检视，但我们还是建议你按照本书提供的检视表来检视。

现状检视：开始看本效率手册时，在制订你的三个月行动计划之前要做的检视。

周检视：每周结束时要做的检视，检视你一周中各层面的不同。

月检视：每月结束时要做的检视，检视你一月中各层面的不同。

在检视之前，请先仔细阅读工作簿中的检视指引。

>>> 第六步：日迁一善——每日行动计划

“不积跬步，无以至千里；不积小流，无以成江海。”成功就在你每一天的行动里实现，这也是你人生的宝贵体验。

在你开始第一天的行动时，请先读一下《第 × 个月每日行动指引》。

>>> 第七步：每日潜意识对话训练

你的潜意识是一个等待你去开发的巨大宝藏，你曾经用理性思考与行动也不能改变的一些习惯，就是因为潜意识没有接受。

>>> 第八步：计划修正

当你觉得自己偏离了方向，当你想调整你前进的速度，当你有了新的体验、新的发现时，你随时都可以进行这一步！

>>> 第九步：成功总结

祝贺你，又有了一次人生成功的体验！这是成功的一刻，这是开心的一刻，你的心里一定有很多令你印象深刻的感受，把它写下来，然后，尽情地享受这美妙的时光吧！

重要建议

“人本教练模式系列效率手册”共有九本，根据人本教练模式的理论，九点领导力的起点是激情，有了激情，然后做承诺，采取负责任的态度，欣赏身边的一切，并心甘情愿地付出，信任他人，开创共赢的局面，这些过程会增添更大的激情，从而可以感召到更多的人参与，创造更多的可能性（详情请见《人本教练模式》一书）。因此你可以按照此顺序进行领导力训练。

九点领导力的训练是一个心态调适的过程，是一个内心的旅程，这个旅程可能不是一帆风顺的，当你有任何的需要时，可到我们的网站寻求尊贵传承教练的帮助，我们的网址：rencoaching.com。

欣赏能力应用篇

教练技术是一门通过完善心智模式、调适心态来发挥潜能、提升效率的管理技术。教练通过对话，调适对方的信念和心态，对方在被教练的过程中自己找到答案，拟订行动计划，创造出符合目标的未来。教练的作用发挥在调适阶段，教练是调适的有效工具。（详情请参考《人本教练模式》一书，北京联合出版公司 2017 年版）

02 关于欣赏

人本教练模式

老子说："圣人无常心，以百姓心为心。善者，吾善之；不善者，吾亦善之，德善。信者，吾信之；不信者，吾亦信之，德信。"用今天的话说就是欣赏，欣赏所有的人。

孔子说："三人行，必有我师焉，择其善者而从之，择其不善者而改之。"每个人都是自己的老师，比我好的固然是我的老师，不如我的也是我的老师，因为看到他的不善，我可以引以为戒。

《战国策》说："士为知己者死，女为悦己者容。"豪侠之士为了报答他人的知遇之恩，赴汤蹈火也在所不惜。

《孙子兵法》说："知己知彼，百战不殆。"也只有欣赏敌人，才会重视敌人，才可能研究敌人，才会知己知彼而百战不殆。可以说，欣赏在中国文化中占有一个重要的席位。

延续东方文化的精神，教练技术认为，欣赏就是不管好坏和美丑，欣赏它。欣赏之心让领导者深得人心。现代人力资源的主旨，是把合适的人放到合适的位置上。当你用欣赏的眼光看人时，就能从每个人身上找到其闪光之处，再用最合适的位置来匹配，那么人尽其才就不是难事了。欣赏的作用永不过期。尤其在团队中，欣赏可以激发他人激情，能够引发出积极的团队向心力。当领导者经常用欣赏的眼光对待下属时，被欣赏的人就会焕发出自信，会心甘情愿地将欣赏的目光播种到他人身上，团队的气氛也因此而变得积极、融合，企业士气必定高涨。

欣赏是个人内心的活动。每个人都能通过“欣赏”来丰富个人的感觉经验，开拓视野。欣赏应用在日常生活用语中，则含有个人主观爱好之意，是主观多于客观、感性胜于理性的活动。由此可知，欣赏具有享乐与怡情的意义，欣赏者有可能欣赏他个人所喜好的事物，却不一定能真正了解事物本身的内涵和其拥有美感的价值，这只能算是一种较狭义的欣赏。广义的欣赏，是指品味与辨识力结合而成的一种价值判断。此种判断需有理性的运作，而此理性运作的历程，通常是了解的前奏，是导向了解的必要阶段。

爱、珍惜

欣赏之爱是广博的，不分彼此，不论丑恶。爱的理由只有一个，那就是“爱”，喜欢的理由可以很多而且各不相同。爱一个人，就是爱他的整体。爱是没有标准的，喜欢却有很多标准；爱带有关心，焦点在对方，喜欢是自己的感觉，焦点在“我”的内心感受。

爱是一颗感恩之心，爱是一个周而复始的过程。爱的目标有自己，同样重要的还有身外的人和物。欣赏是因为与生俱来的爱。不懂欣赏的人，已经将爱尘封在心底，主动放弃了爱的能力。欣赏之爱是“拥抱”所有走近的人。

欣赏就是看到他人的优点，看到事情的好处，珍惜你所拥有的、所看到的，而不是去判断对错和好坏，也不是去评价美丑和善恶。欣赏是一种心态，更是一种能力，是一种发现优点和价值，并且能够及时表达爱的能力。欣赏不是因为完美和美好，而是因为人和事物的特点。当我们转换思路，会发现特点就是完美，维纳斯缺少胳膊，我们却认为她是完美的。完美是一刹那间的事情。当我们珍惜特点，在每一个时段上，都可以欣赏到每一刹那发生的事情，可以体验到每一刹那产生的完全之美。

西方著名的咨询心理学派的个人中心治疗理论（Person-Centered Theory），其创始人罗杰斯（卡尔·兰塞姆·罗杰斯，Carl Ransom Rogers）认为“无条件积极关注”（Unconditional Positive Regards）是建立人际关系的一个重要元素。在罗杰斯看来，“无条件积极关注”的影响力是很巨大的，“无条件积极关注”并不是对一切都喜欢，而是对人表达乐于接受、理解、关心和帮助，在任何时候以诚相待，这些都必须是发自内心深处的，这样才能使被欣赏者感到心灵的共鸣。如能作一名愿意倾听和理解，并接受他人思想和感受的人，被欣赏者会感受到世界上有人能够真正地理解、关心和帮助他，便会愿意把自己心灵深处的一切所想到和感到的全部倾诉出来。

罗杰斯认为孩提时，我们很了解自我的需要。小孩子经常说“我要、我想”等字眼，正反映出他们了解自己的需要。同样地，小孩的父母或长辈也清楚他们的需要，而且小孩也容易感到满足。长辈所给予的关心是无条件的，他们不会期望小孩有任何回报。长辈给予的鼓励或简单的拥抱，也令小孩感到自己被重视。这感觉使小孩感到，自己身旁总有人与他们一起面对困难，从而建立起对人的信任。

可惜，罗杰斯认为，随着岁月的增长，人生阅历的增多，人的内心渐渐变得复杂，从而忘记了对人的信任。于是人与人之间的关系变得疏离，欠缺欣赏的心。在企业中这情况尤其明显，在会议中彼此推卸责任，指责短处。人长期处在缺乏欣赏的环境中，便会逐渐遗忘自我的价值。人将自我价值建立于外在的成就上，遗忘“真我”，连自己也不了解。虽然身边的人关心自己，但大多是有条件的关心。例如销售主管对销售员的关心，大多集中在他们能否达成设定的业绩，而忽略他们要面对的压力。又例如，在现实生活中，父母对子女的“无条件积极关注”能表达爱、珍惜和接纳。当子女考试成绩优秀时，得到父母的称赞与奖励，这对子女来说是“有条件积极关注”，因为只有做得好才能获得关注。相反，未能达到父母的要求，他们便会感觉受到了父母的冷落。久而久之，便会失去那份对人无条件关注的能力。“无条件积极关注”令人感到有如久旱逢甘露，心中充满希望。当人感受到被别人欣赏时，自我价值不是自己的成就或所做的事情，而是在于他们自己。所以罗杰斯认为当人被无条件接纳时，心中会感到无比的温暖，内心会充满力量，人的潜能会得以发挥，个人得以成长。

接　纳

欣赏不是去争辩，而是接纳对方这个人，从中捕获到别人的优点，并且为对方的优点惊喜。一个赞许的眼色，一个会心的微笑，一次友好的拍肩，一句鼓励的语言，接纳就产生在不经意之间，发自内心，对方心领神会。很多人不喜欢斤斤计较的人，有欣赏之心的领导者却安排这样的人从事财务工作，结果匹配恰当，那人表现突出。在别人拒绝的地方，欣赏者看人之深，看到了潜在的价值，这就是欣赏的穿透力。

除了个人中心治疗理论，另外一个咨询心理学派的选择理论（Choice Theory）也提倡爱是人心中永恒的渴求。选择理论的创立者威廉·格拉瑟（William Glasser）提出人有5种天生的需要，爱是其中之一，每一个人都有爱人和被爱的需要。当爱的需要得到满足，人的自我价值便会得以提升。当人感受到别人对他的好感和重视，便会因此学会珍惜、喜欢和重视自己。

欣赏的层次可以提升，信赖个体感觉的经验，正如西方发展心理学家约翰·鲍比（John Bowlby）的依恋理论（Attachment Theory）中指出，照顾者如能给儿童爱和无条件的接纳，则日后儿童便能成为一个能充分发挥自己价值的人（Fully Functioning Person），鲍比称这种健康心理为安全型依恋（Secure Attachment）。

鲍比等将婴儿的依恋发展过程分为三个阶段：

1. 无差别的社会反应阶段：对一切人都不加区别的反应。

2. 有差别的社会反应阶段：对母亲有偏爱，对熟人和陌生

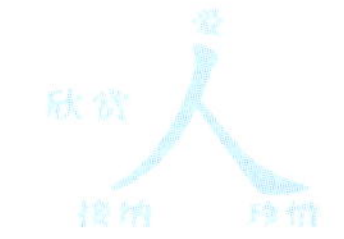

人有不同的反应。

3. 特殊情感联结阶段：对母亲产生特别的依恋，形成了专门对母亲的情感联络。

婴儿依恋的类型又分为三种：

1. 安全型依恋：有母亲在就有安全感，对外界积极反应。

2. 回避型依恋：缺乏依恋，与母亲未建立起亲密的感情联结。

3. 反抗型依恋：既寻求与母亲的接触，又反抗母亲的爱抚，亦称矛盾型依恋。

依恋理论不单能用来解释婴儿的情绪反应，同时也可将该理论用来解释成人的情爱、孤独和忧虑。因为成人的情绪发展源自婴儿和儿童的经验。

而依恋理论应用在成人身上，又可将成人的依恋分为三种类型：

1. 安全型依恋：安全型依恋人士容易与其他人发展亲密和信任的关系。他们可以放心地信赖和依赖别人，安然接受别人的帮助。他们不会担心被别人忽略或与别人发展亲密的关系。

2. 回避型依恋：回避型依恋人士不容易与别人发展亲密的关系，也不容易信任别人，并且难以依赖和接受别人的帮助。当别人要依靠回避型依恋人士时，他们会感到焦虑。他们的伴侣会希望与他们多发展亲密的关系。

3. 反抗型依恋：反抗型依恋人士不大相信他人愿意与自己发展亲密的关系。他们时常怀疑伴侣是否真心爱护他们。反抗型依恋人士一方面想与他人发展一种如胶似漆的关系，另一方面又希望与他人保持距离。

在日常生活中，一个性格随和的人正反映出该人在儿童时，与母亲发展了一段“安全型依恋”的关系。所以成人如属安全型依恋型人士，性格会是乐观、易于相处、合群的，社交能力成熟，以及理解别人的感觉。欣赏的爱是广博的，也是在我们内心的。此种成人的表现就正是欣赏的爱。相反，如果一个人平日老爱批评他人，多半是童年与母亲若即若离，最终发展成为“反抗型依恋”的成人。例如在企业团队内，有一些成员对其他成员有诸多不满，或各自为政，正反映出此人在童年中缺乏持续的爱、珍惜和接纳，所以缺乏安全感，对人不信任，愤世嫉俗，以批判的态度来保护自己。属于“安全型依恋”的成人，在年幼时已浸淫于爱与接纳中，对别人会表现出珍惜和信任。

欣赏不是去争辩，而是接纳对方这个人，如举世闻名的美国国家庭治疗师萨提亚（Satir）的治疗理念是，“人如能欣赏并接纳过去，便可以增加我们管理现在的能力”。因为有接纳的心，人的胸襟会变得广阔，接纳每一刻的自己，心中没有矛盾。例如传统女性每到适婚年龄，总觉得要有一个安稳的家庭生活，生儿育女。而当理想未能如愿时，便会怀疑自己的条件比别人差。若她们理解自己的期望是合理的，只是此刻并未能以适当的方法来满足，而只需认清自己的方向，接受现时的状态，那么不论她们现今的状态如何，也能为自己的生命负责。就如大海中迷失方向的小船遇见灯塔一样，心中充满踏实的感觉。

在成年人的阶段，我们是父母，也是儿童。每一次对自己及别人的尊重、体谅和接纳都是在表达爱和珍惜，给自己与别人增加能量、积极的关注、安全感、信任等等。同时，当人发觉即使自己不完美，仍然得到了接纳，便可以接纳自己，从而也可以接纳别人。由此可见，不同年代、不同背景的心理学家，均异口同声认为爱、珍惜和接纳，对于一个人的成长和处世都是极为重要的，正如人本教练模式的欣赏所包含的意义。

行前测试 03

现在，请你先登入 rencoaching.com 完成自我测量表。

自我测量表指引（网上测试）

第一次测试在使用本效率手册之前，建议你现在就用不多于十分钟的时间去测试，第二次测试在三个月后你成功的那一天。

需要提醒你：最佳的测试是用你的直觉来判断。请跟随你的直觉，而不是分析或他人的引导，只有你最了解你自己。

切记：本自我测量表只能使用两次，包括开始练习前及完成练习后！

本效率手册的学习目的

学会不管好坏、不管美丑的欣赏

欣赏自己，提升自信

欣赏别人——从而获得更多的资源，开发更多的人才

发现自己与别人的优点

因为自己与别人的特点而去欣赏

自我检视 04

请回顾你在欣赏方面，每天花了多少时间在下列事项上：工作、家庭、人际关系和兴趣。如果还有其他事项，也是你每天会花时间去欣赏的，请填写在“其他”栏内，并按这些事项在你心中的重要性来排序。对你来说，最重要的事项，请在相应的“重要性排序”栏上填“1”，数字愈大，代表重要性愈低。三个月后，再检视你完成练习后的状况。

生活中的范畴	重要性排序（按这些事项对你的重要性来排序，以数字“1”代表最重要，以此类推，数字愈大，重要性愈低。）
工作	
家庭	
人际关系	
兴趣（　）	

其他（如　　）	
其他（如　　）	
其他（如　　）	
其他（如　　）	

根据《人本教练模式》一书中第二章第四节的“欣赏模式”，以你所认知的爱、珍惜和接纳来描写你的现状：

爱

……………………………………………………………………

……………………………………………………………………

……………………………………………………………………

……………………………………………………………………

……………………………………………………………………

……………………………………………………………………

珍惜

……………………………………………………………………

……………………………………………………………………

……………………………………………………………………

……………………………………………………………………

……………………………………………………………………

接纳

……

……

……

……

……

……

以欣赏的心看待自己和别人

请列出五个你最喜欢的人，并写出你欣赏他们的什么：

你最喜欢的人	你欣赏他们的

请列出五个你不喜欢的人，并写出你不欣赏他们的什么：

你不喜欢的人	你不欣赏他们的

请列出五个你从来没有留意的人，然后开始留意他们，你会欣赏他们的什么：

你从来没有留意的人	你欣赏他们的

请你比较一下，你最喜欢的人、你不喜欢的人和你从来没有留意的人，你对待他们的方式有什么不同？请列出不同之处。

....

....

....

....

当你被别人欣赏时，你的感觉如何？请在适当的空格里填上“√”号，如没有合适的选项，请在“其他”一栏内填上你的感觉。

□	平静的	□	欣喜若狂的	□	欢欣鼓舞的	其他:	
□	兴奋的	□	愉快的（快乐的）	□	心情愉快的	其他:	
□	兴高采烈的	□	感到满意的	□	宁静的	其他:	
□	轻松的	□	轻松自在的	□	喜悦的	其他:	
□	感激的	□	高兴的	□	激励的	其他:	
□	渴望的	□	乐观的	□	满足的	其他:	
□	感到惊讶的	□	激动的	□	无聊的	其他:	

当你不被别人欣赏时，又会有什么感觉？

□	迷惑的	□	愤怒的	□	情绪低落的	其他:	
□	怀恨的	□	悲观的	□	沮丧的	其他:	
□	混乱的	□	绝望的	□	失望的	其他:	
□	生气的	□	疑心的	□	可耻的	其他:	
□	挫败的	□	不安的	□	悲惨的	其他:	
□	受伤的	□	孤立的	□	无用的	其他:	
□	虚弱的	□	缺乏力量的	□	无价值的	其他:	

也可以把你的感想用文字写下来

学会欣赏自己的成长

在开始每日迁善的练习前，你先得在这个部分学会欣赏自己，以下的练习将帮助你学会欣赏自己的不同部分。

试写出你成长中所遇到的挫折。

例如我没有考上大学。

………………………………………………………………………………

………………………………………………………………………………

………………………………………………………………………………

………………………………………………………………………………

对于这些成长的挫折，你有什么感受？

例如这是生命中的一些遗憾。

………………………………………………………………………………

………………………………………………………………………………

………………………………………………………………………………

………………………………………………………………………………

你有多欣赏自己的个人成长呢？（1 分—— 最不欣赏，5 分——最欣赏，请在相应的分数上打上"√"号）

最不欣赏 1 2 3 4 5 最欣赏

人本教练模式认为：人是生命的主体，欣赏就是欣赏人的完整性，而人的每一个时刻也是完美的。

尽管人生中会遇到很多挫折，但这不代表人的不完美。很多时候，人只会看到自己和别人的缺点，他们往往看不到优点，这使人否定了人的完整性，不能欣赏自己。

对于你的成长的挫折，你曾想过办法去改变它吗？

例如我没有上过大学，所以我将会在未来兼读大学学位。

既然你已经有想过去克服你的成长的挫折，这一刻，你应该学会欣赏自己的努力与改变的心态。

试写出你的主要成就。

……………………………………………………………………

……………………………………………………………………

……………………………………………………………………

……………………………………………………………………

在看到自己的努力与成就后，你有多欣赏自己？（1分——最不欣赏，5分——最欣赏，请在相应的分数上打上“√”号）

最不欣赏 1 2 3 4 5 最欣赏

相信你已经可以从不同的角度欣赏自己，以下是未来三个月的目标设定，在设定目标前，请先参考目标设定指引。

第二部分

具体操作

三个月的目标设定

所谓目标设定，在这里是指根据你的人生愿景，在某一阶段内所要做到的事或结果，包括具体每一步怎样去做的过程。（关于目标设定的SMART系统的详细介绍，请参阅效率手册的附录部分。）

现在建议你从工作、家庭、人际关系和兴趣等方面订下一些欣赏目标和行动计划。这些目标是你未来三个月的大方向。

以下提供一些可以作为参考的考虑方向：

你可以欣赏你的工作、你的上级、你的同事和你的下属；

也可以欣赏你的家庭成员，如父母、配偶、兄弟姐妹或子女；

或是其他的人际关系，如朋友、师生或邻居等；

又或是你的兴趣，如游泳、跑步、阅读和集邮等；

你也可以选择欣赏以上所有的项目和其他你认为重要的事情。

这里是要订立的未来三个月的欣赏目标。欣赏就是爱、珍惜和接纳。欣赏是一种积极的心态，可以激发出他人内在的力量，收获别人的激情和投入。爱是没有标准的，爱带有关心，焦点在对方。珍惜就是不去判断对错和好坏，不去评价美丑和善恶。珍惜就是重视你所拥有的和看到的。接纳就是发掘别人的优点，并为对方的优点惊喜。

请把你的目标和行动计划填写在下面的表格内，在左边的“目标设定”栏内，填写你想达到哪一个范畴的目标，如你要爱你的父母；在右边的“行动计划”栏内，详细填写你要达到目标的实际行动，如每天问候父母等。

目标设定	行动计划

02 每日潜意识对话指引

你只要每天花十五分钟，在任意一个时段，找一个安静舒适的地方，和你的潜意识对话，持之以恒，三个月后，你会发现你的进步如此神速！

现在，你已设定了这三个月想要达到的目标和行动计划，每天也很清晰地知道要行动的方向，下面，先用一句话来表达你这三个月要达成的目标，在你与潜意识对话的过程中需要这句话。这句话中不要用否定或负面的词语，也不要用“我要，我想，我希望”等将来时的词语，而是直接说出三个月后的你。比如你的目标是“三个月后要成为一个欣赏同事、朋友、家人、自己和大自然，同时也被别人欣赏尊敬的人”，那么你可以这样表达：我欣赏所有的人和物，所有人都欣赏我！然后写在你的效率手册上，并熟读几遍。

在每天开始这一步之前，请找一个安静的、无人打扰的地方，舒服地坐着，假如眼镜、手表或腰带等太紧的话，先摘下或松开，然后闭目默念那句话。

当你准备好了，就可以开始这重要的一步。

注意：你与潜意识的对话内需要有明确的日期、明确的人物或事项和明确的成果。

03 第一个月实操步骤

第一个月每日行动指引

日迁一善

每周进度检视

心灵空间

第一个月的进度检视

第一个月每日行动指引

以下的练习，我们将从你已设定目标的范畴，来练习你的欣赏之心。每天的目标可以是改变一个日常的行为，一个你不想再维持的习惯。每天的行动就是你达成三个月目标的其中一个小步骤。

你可以是以欣赏的心来对待工作中的同事，也可以是以欣赏的心来接纳一个跟你在性格、行为和兴趣上完全不同的人。

我今天锻炼欣赏的目标是：

你今天的行动可以是关心对方、用一点时间与他交谈、跟他一起用餐、送一份小礼物给他、为他递上一杯茶等。

我今天锻炼欣赏的行动是：

……………………………………………………………………

……………………………………………………………………

……………………………………………………………………

……………………………………………………………………

……………………………………………………………………

经过一天的实践后，请记下你这日完成的事项。例如你已经跟一位同事用过餐、送了礼物给他，或者是已经接纳了别人跟你的不同之处，并学会欣赏彼此的不同。你的成果不一定是行为，也可以是心态上的改变。例如由从不关心家人，到现在的已知道一些他们的需要和困难，这也是一种成果。

我今天锻炼欣赏的成果是：

……………………………………………………………………

……………………………………………………………………

……………………………………………………………………

……………………………………………………………………

……………………………………………………………………

记下你每日的收获或是得到今天成果的种种经历，并想想这些经历为你带来的意义、冲击和反省。那些你不接纳的行为或观点如何冲击你的价值观和你对人生的看法；你所接纳的行为和观点对你来说，冲击出一些什么样的信念。请仔细记下你的体验。

我今天关于目标的体验有：

日迁一善

日期：　　　　今天是第　　天

我今天锻炼欣赏的目标是：

……………………………………………………………………

……………………………………………………………………

……………………………………………………………………

……………………………………………………………………

……………………………………………………………………

我今天锻炼欣赏的行动是：

……………………………………………………………………

……………………………………………………………………

……………………………………………………………………

……………………………………………………………………

……………………………………………………………………

我今天锻炼欣赏的成果是：

我今天关于目标的体验有：

日迁一善

日期：　　　　　今天是第　　天

我今天锻炼欣赏的目标是：

我今天锻炼欣赏的行动是：

我今天锻炼欣赏的成果是：

我今天关于目标的体验有：

日迁一善

日期：　　　　　今天是第　　天

我今天锻炼欣赏的目标是：

……………………………………………………………………

……………………………………………………………………

……………………………………………………………………

……………………………………………………………………

……………………………………………………………………

我今天锻炼欣赏的行动是：

……………………………………………………………………

……………………………………………………………………

……………………………………………………………………

……………………………………………………………………

……………………………………………………………………

我今天锻炼欣赏的成果是：

我今天关于目标的体验有：

日迁一善

日期：　　　　今天是第　　天

我今天锻炼欣赏的目标是：

我今天锻炼欣赏的行动是：

我今天锻炼欣赏的成果是：

我今天关于目标的体验有：

日迁一善

日期：　　　　今天是第　　天

我今天锻炼欣赏的目标是：

我今天锻炼欣赏的行动是：

我今天锻炼欣赏的成果是：

……………………………………………………………………………………

……………………………………………………………………………………

……………………………………………………………………………………

……………………………………………………………………………………

……………………………………………………………………………………

……………………………………………………………………………………

……………………………………………………………………………………

……………………………………………………………………………………

我今天关于目标的体验有：

……………………………………………………………………………………

……………………………………………………………………………………

……………………………………………………………………………………

……………………………………………………………………………………

……………………………………………………………………………………

……………………………………………………………………………………

……………………………………………………………………………………

……………………………………………………………………………………

……………………………………………………………………………………

日迁一善

日期：　　　　　今天是第　　天

我今天锻炼欣赏的目标是：

我今天锻炼欣赏的行动是：

我今天锻炼欣赏的成果是：

我今天关于目标的体验有：

每周进度检视

现在检视过去一周的欣赏行动，从不同的层面回顾自己所订立的目标和成果，并从思维、行为和感受三方面，检视你过去一周的欣赏行动计划在这些方面是怎样运作的。

根据《国家职业资格培训教程心理咨询师（基础知识）》（郭念锋主编，民族出版社2005年版）所述，思维是人脑对客观事物间接的、概括的反映。思维的直接作用在于认识事物。人们通过思维来认识事物的本质和事物之间的内在联系。通过思维，人们可以把一类事物的共同属性抽取出来，形成概括性的认识，这是思维的概括性。例如，从众多物体中抽取出它们的数量形成数的概念；把各种数的共同特点抽象出来加以概括，形成数的概念。

感受是人对客观外界事物的态度的体验，也是事物与个人需要之间关系的反映。感受是以人的需要为媒介的一种心理活动，它反映的是客观外界事物与个人需要之间的关系。外界事物符合个人的需要，就会引起积极的情绪体验；否则便会引起消极的情绪体验。这种体验构成了感受的心理内容。感受是个人的一种内心体验。它不同于认识过程，因为认识过程是以形象或概念的形式来反映外界事物的。

行为是有目的、有动机的行动。如果动机和目的反映了客观现实，这个人的行为就是正常的，人们可以理解的。在复杂的社会环境中，要使各种要求都得到满足并不容易做到。一个人根据某种动机和需要，自觉地确定目标并付诸行动以实现预定目标，这个心理过程就是意志，它是认识过程、情感过程发展的结果。

思维

行为

感受

经过检视，你的思维、行为和感受能体现你所设定的目标吗？如果两者有差异，那以前所设定的目标与行动计划有哪些需要调整?

如果是设定目标有问题，请返回“三个月的目标设定”，重新考虑你的目标，或再次用 SMART 系统来检视过去一周的目标，看看目标是不是明确的、可量度的、可达成的、相关联的和有检视点的。如果你的目标已符合 SMART 系统的要求，而仍不能在一天内完成，那你要想一想，是不是所订立的目标难于在一天内完成。找出原因后，你需要在下周的“日迁一善”中，将计划调整得更可行和更易于实现，同时又能贴紧目标。

心灵空间

小泥人的故事

泥人张捏了很多泥人，每一个泥人都长得不一样，有些头发长长的，有些眼睛大大的，有些高高的，有些瘦瘦的。

每一个泥人都有二盒贴纸，一盒金色的星星和一盒黑色的点点。小泥人们在村庄里走来走去，在对方的身上贴上星星和点点。

美丽的小泥人身上有许多星星，而那些粗糙或涂刷不怎么漂亮的小泥人身上则有许多点点。

聪明的小泥人身上也有许多星星。他们当中的一些可以跳过高盒子，一些很会唱动听美妙的歌。

吉是其中的一个小泥人。他努力地想像别的小泥人一样跳得高高的，可是他总是跌倒。于是泥人们就往他身上贴许多点点。他尝试向他们解释他为什么会摔倒，但他只能说出些傻傻的话来，于是泥人们就会往他身上贴更多的点点。

“他只配许多点点。”泥人们说。

过些时候，吉自己也信了他们的话。“我想我真不是一个好泥人。”他想。于是大多数的时候，他都躲在家里。

后来他走出来，和那些身上有好多点点的泥人待在一起。和他们在一块儿，他觉得心里好受多了。

一天，他遇到了一个不一样的泥人，名字叫桑。她身上既没有点点，也没有星星。

泥人们很崇拜桑身上竟然没有点点，于是他们给她一颗星星。但是星星从她身上掉了下来。有些泥人见她身上贴不住星星，就给她贴了一个点点，可是点点也掉了下来。

吉想：“这才是我想要的。”于是他问桑，她是怎么办到的。

“很简单，”她回答，“每天我都去见那位泥人张。”

“为什么？”吉问。

“如果你与他见面，你就会知道了。”说完，桑转身走开了。

“可是……他会想见我吗？”吉琢磨着。

后来，在家里，他坐着观察泥人们往彼此身上贴星星和点点，他自言自语：“这是不对的。”然后，他决定去见泥人张。

吉走过一条窄路，进到泥人张的店里。他的眼睛立刻睁得大大的。立台几乎和他一样高，他得踮起脚尖才能看到泥人张的椅背。

吉艰难地咽了咽口水，想："我不能再留在这里了。"然后他突然听见有人喊他的名字。"吉？"这声音又深沉又坚定。"见到你太好了。来，让我好好看一看你。"

吉仰起脸来说："你知道我的名字吗？"

"当然。是我造了你。"

泥人张把他抱起来，将他放在椅子上。"看来你身上似乎有许多缺点。"泥人张说道。

吉急忙说："我不是故意要这样的。我真的尽了力。"

"吉，我不在意别的泥人怎么看你。"

"真的吗？"

"不，你也不应该在意。他们怎么看你不重要，重要的是你怎么看你自己。我认为你很特别。"

"我来是因为我遇见了桑。"吉说，"为什么那些贴纸在她的身上贴不住呢？"

泥人张温柔地回答道："因为她觉得，接受自己比其他人的看法更重要。只有当你允许那些贴纸留在你身上，它们才会贴住你。"

"什么？！"

"如果那些贴纸对你来说很重要，它们就会贴住你。你越相信自己，你就越不会在意那些贴纸。”

吉离开的时候，泥人张说：“记住，你是特别的。”

吉没有停下脚步，他在心里想：“嗯，我认为我确实是特别的。”

当他这么想的时候，一个个点点就从他身上掉了下来，落在了地上。

日迁一善

日期：　　　　　今天是第　　天

我今天锻炼欣赏的目标是：

………………………………………………………………………………

………………………………………………………………………………

………………………………………………………………………………

………………………………………………………………………………

………………………………………………………………………………

我今天锻炼欣赏的行动是：

………………………………………………………………………………

………………………………………………………………………………

………………………………………………………………………………

………………………………………………………………………………

………………………………………………………………………………

我今天锻炼欣赏的成果是：

....

....

....

....

....

....

....

....

我今天关于目标的体验有：

....

....

....

....

....

....

....

....

....

日迁一善

日期：　　　　　今天是第　　天

我今天锻炼欣赏的目标是：

....

....

....

....

....

我今天锻炼欣赏的行动是：

....

....

....

....

....

我今天锻炼欣赏的成果是：

我今天关于目标的体验有：

日迁一善

日期：　　　　今天是第　　天

我今天锻炼欣赏的目标是：

………………………………………………………………

………………………………………………………………

………………………………………………………………

………………………………………………………………

………………………………………………………………

我今天锻炼欣赏的行动是：

………………………………………………………………

………………………………………………………………

………………………………………………………………

………………………………………………………………

………………………………………………………………

我今天锻炼欣赏的成果是：

我今天关于目标的体验有：

日迁一善

日期：　　　　今天是第　　天

我今天锻炼欣赏的目标是：

我今天锻炼欣赏的行动是：

我今天锻炼欣赏的成果是：

我今天关于目标的体验有：

日迁一善

日期：　　　　　今天是第　　天

我今天锻炼欣赏的目标是：

……………………………………………………………………

……………………………………………………………………

……………………………………………………………………

……………………………………………………………………

……………………………………………………………………

我今天锻炼欣赏的行动是：

……………………………………………………………………

……………………………………………………………………

……………………………………………………………………

……………………………………………………………………

……………………………………………………………………

我今天锻炼欣赏的成果是：

我今天关于目标的体验有：

日迁一善

日期：　　　　今天是第　　天

我今天锻炼欣赏的目标是：

....

....

....

....

....

我今天锻炼欣赏的行动是：

....

....

....

....

....

我今天锻炼欣赏的成果是：

我今天关于目标的体验有：

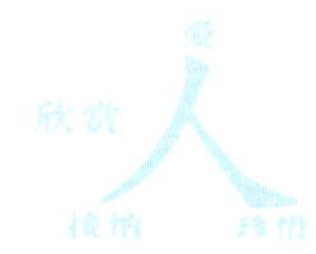

每周进度检视

思维

行为

感受

我欣赏对手

对手于是成为朋友

我欣赏朋友

朋友于是成为手足

日迁一善

日期：　　　　今天是第　　天

我今天锻炼欣赏的目标是：

....

....

....

....

....

我今天锻炼欣赏的行动是：

....

....

....

....

....

我今天锻炼欣赏的成果是：

……………………………………………………………………

……………………………………………………………………

……………………………………………………………………

……………………………………………………………………

……………………………………………………………………

……………………………………………………………………

……………………………………………………………………

……………………………………………………………………

我今天关于目标的体验有：

……………………………………………………………………

……………………………………………………………………

……………………………………………………………………

……………………………………………………………………

……………………………………………………………………

……………………………………………………………………

……………………………………………………………………

……………………………………………………………………

……………………………………………………………………

日迁一善

日期：　　　　今天是第　　天

我今天锻炼欣赏的目标是：

我今天锻炼欣赏的行动是：

我今天锻炼欣赏的成果是：

………………………………………………………………………………

………………………………………………………………………………

………………………………………………………………………………

………………………………………………………………………………

………………………………………………………………………………

………………………………………………………………………………

………………………………………………………………………………

………………………………………………………………………………

我今天关于目标的体验有：

………………………………………………………………………………

………………………………………………………………………………

………………………………………………………………………………

………………………………………………………………………………

………………………………………………………………………………

………………………………………………………………………………

………………………………………………………………………………

………………………………………………………………………………

………………………………………………………………………………

日迁一善

日期：　　　　　今天是第　　天

我今天锻炼欣赏的目标是：

我今天锻炼欣赏的行动是：

我今天锻炼欣赏的成果是：

我今天关于目标的体验有：

日迁一善

日期：　　　　今天是第　　天

我今天锻炼欣赏的目标是：

……………………………………………………

……………………………………………………

……………………………………………………

……………………………………………………

……………………………………………………

我今天锻炼欣赏的行动是：

……………………………………………………

……………………………………………………

……………………………………………………

……………………………………………………

……………………………………………………

我今天锻炼欣赏的成果是：

……………………………………………………………………

……………………………………………………………………

……………………………………………………………………

……………………………………………………………………

……………………………………………………………………

……………………………………………………………………

……………………………………………………………………

……………………………………………………………………

我今天关于目标的体验有：

……………………………………………………………………

……………………………………………………………………

……………………………………………………………………

……………………………………………………………………

……………………………………………………………………

……………………………………………………………………

……………………………………………………………………

……………………………………………………………………

……………………………………………………………………

日迁一善

日期：　　　　今天是第　　天

我今天锻炼欣赏的目标是：

……………………………………………………

……………………………………………………

……………………………………………………

……………………………………………………

……………………………………………………

我今天锻炼欣赏的行动是：

……………………………………………………

……………………………………………………

……………………………………………………

……………………………………………………

……………………………………………………

我今天锻炼欣赏的成果是：

我今天关于目标的体验有：

日迁一善

日期：　　　　今天是第　天

我今天锻炼欣赏的目标是：

……………………………………………………………………

……………………………………………………………………

……………………………………………………………………

……………………………………………………………………

……………………………………………………………………

我今天锻炼欣赏的行动是：

……………………………………………………………………

……………………………………………………………………

……………………………………………………………………

……………………………………………………………………

……………………………………………………………………

我今天锻炼欣赏的成果是：

我今天关于目标的体验有：

每周进度检视

思维

....

....

....

行为

....

....

....

感受

....

....

....

日迁一善

日期：　　　　今天是第　　天

我今天锻炼欣赏的目标是：

....

....

....

....

....

我今天锻炼欣赏的行动是：

....

....

....

....

....

我今天锻炼欣赏的成果是：

……………………………………………………………………

……………………………………………………………………

……………………………………………………………………

……………………………………………………………………

……………………………………………………………………

……………………………………………………………………

……………………………………………………………………

……………………………………………………………………

我今天关于目标的体验有：

……………………………………………………………………

……………………………………………………………………

……………………………………………………………………

……………………………………………………………………

……………………………………………………………………

……………………………………………………………………

……………………………………………………………………

……………………………………………………………………

……………………………………………………………………

日迁一善

日期：　　　　　今天是第　　天

我今天锻炼欣赏的目标是：

我今天锻炼欣赏的行动是：

我今天锻炼欣赏的成果是：

我今天关于目标的体验有：

日迁一善

日期：　　　　今天是第　　天

我今天锻炼欣赏的目标是：

……………………………………………………………………

……………………………………………………………………

……………………………………………………………………

……………………………………………………………………

……………………………………………………………………

我今天锻炼欣赏的行动是：

……………………………………………………………………

……………………………………………………………………

……………………………………………………………………

……………………………………………………………………

……………………………………………………………………

我今天锻炼欣赏的成果是：

我今天关于目标的体验有：

日迁一善

日期：　　　　今天是第　　天

我今天锻炼欣赏的目标是：

……………………………………………………………………

……………………………………………………………………

……………………………………………………………………

……………………………………………………………………

……………………………………………………………………

我今天锻炼欣赏的行动是：

……………………………………………………………………

……………………………………………………………………

……………………………………………………………………

……………………………………………………………………

……………………………………………………………………

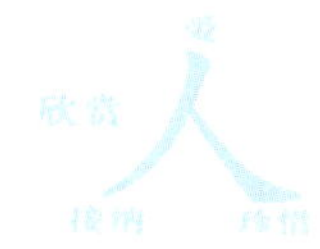

我今天锻炼欣赏的成果是：

我今天关于目标的体验有：

日迁一善

日期：　　　　今天是第　　天

我今天锻炼欣赏的目标是：

我今天锻炼欣赏的行动是：

我今天锻炼欣赏的成果是：

我今天关于目标的体验有：

日迁一善

日期：　　　　　　今天是第　　天

我今天锻炼欣赏的目标是：

我今天锻炼欣赏的行动是：

我今天锻炼欣赏的成果是：

我今天关于目标的体验有：

第一个月的进度检视

经过四周，每周七天的练习，你现在可以详细检视你这一个月的进度了。如果之前你的目标还不太明确，那么现在或多或少也可以看到自己的目标是什么了，并且你应该再仔细检视一下有没有需要调整的地方。

请你将设定范畴内的各个项目重新排序，并跟之前在自我检视中的情况进行比较，然后以棒形图的形式记录下来。

例如：

生活中的范畴	自我检视时的情况	第一个月进度检视的情况
	重要性排序	重要性排序
工作	2	3
家庭	1	1
人际关系	3	2
兴趣（ ）	—	—
其他（如　　）	—	—

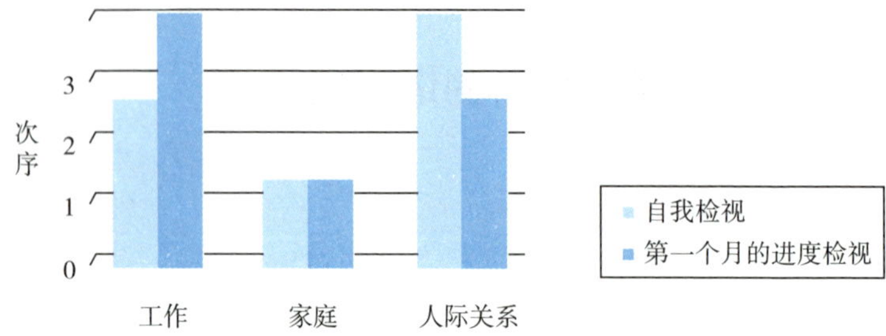

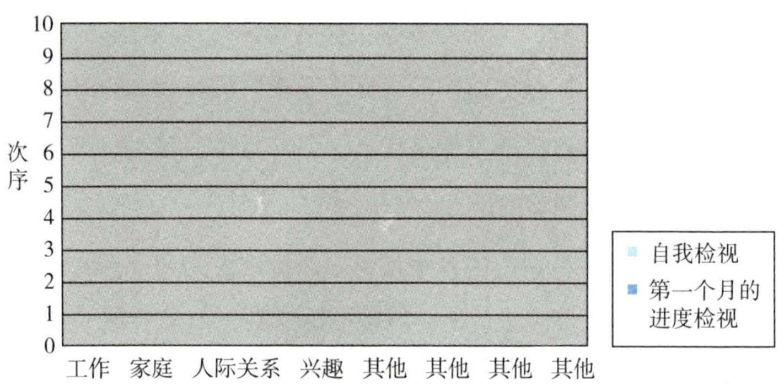

如果有改变，尤其是还未被你注重的事项有所改变的话，那你需要考虑调整的是三个月的目标设定。如需要更改的话，请在下方的表格内重新填写你的设定。

目标设定	行动计划

然后，你可以看看过去一个月的行动计划中，通常是一些什么类型的行动，有什么相同之处。你可以在这里更深刻地了解自己，同时你可以在“我今天锻炼欣赏的成果是”内，看看你过去每天所订立的行动是不是都能够完成。如果大多都能够完成，那你可以在下个月订立行动时，将目标的难度提高。如果每天的目标大多都不能完成，那你需要重新仔细阅读《人本教练模式》一书中第二章第四节的“欣赏模式”，并反思自己的行动。

你可以看看过去每天的“我今天锻炼欣赏的成果是”里的你所取得的成就，欣赏你过去所做到的事情，你就会明白自己有多棒。现在，不要怀疑自己的成就，向着你的目标直奔吧。

经过一个月的练习，你会明白怎样聆听自己内心的真我声音，懂得对自己的心灵保持敏锐，避免以后再对真我的呼声掩耳不听。最后，总结在过去的一个月里，你在体验中学到些什么；三个月后，你可以看到自己的改变有多少。

请从思维、行为和感受三方面来思考，并总结过去一个月内你学到了什么。

思维

……………………………………………………………………

……………………………………………………………………

……………………………………………………………………

行为

……………………………………………………………………

……………………………………………………………………

……………………………………………………………………

感受

……………………………………………………………………

……………………………………………………………………

……………………………………………………………………

第二个月实操步骤

第二个月首日行动指引

第二个月每日行动指引

日迁一善

每周进度检视

心灵空间

第二个月的进度检视

第二个月首日行动指引

经过过去一个月的练习，相信你已看到自己又朝最终目标迈进了一大步。现在，你内心的呼唤是否依然一样？是否有勇气去面对随时修改目标的可能性？是否保持着对内心真我的敏锐？

另外，你的感觉可能也不是每一天都是愉快的，你要检视这些不愉快的感受与你以往的经历有哪些相似。例如，如果你很难与一个人相处，那么，以前你和类似这样类型的人交往时，会不会也有不愉快的经历呢？如果你还没有处理过以前的不愉快，那现在你就需要认真处理了。

例如当你关心家人（如父亲）的时候，有可能会感到力不从心，不知从何开始，不论用什么方法来关心他，最后可能都会跟他吵架；当你关心身边的同事时，有可能会碰壁，你所用的方法好像总是不管用。现在，清楚地描述你面对的困难或冲突的详细情况，然后记录下来。

我今天在欣赏模式中面对的困难或冲突是：

……………………………………………………………………

……………………………………………………………………

……………………………………………………………………

……………………………………………………………………

……………………………………………………………………

现在，你已知道自己面对的困难或冲突是什么了，回想在困难或冲突出现的整个过程中，你说了或做了什么。例如你关心父亲，可能会劝他戒烟，但无论你用什么理由，最后都会和父亲吵起来。是不是在沟通的过程中，你说了什么话？会不会在言语之中，你令他觉得自己是老顽固？

或是，你关心同事却又每次碰壁，是不是你总在他们最忙碌的时候去关心他们？

你需要清楚你做了什么，导致困难和冲突的出现。

在困难或冲突出现前，我做了或说了什么？

……………………………………………………………………

……………………………………………………………………

……………………………………………………………………

……………………………………………………………………

……………………………………………………………………

如果你已知道你做了或说了什么，才导致了冲突，那你又是否明白，为什么要这样做或这样说呢？你这样做或这样说是不是反映了自己的一种观点或想法呢？例如你劝父亲戒烟，却无意间表达了他是老顽固的看法，是不是小时候你的意见总是不被父亲接纳？是不是父亲总是认为你年少无知，所以无论你说了什么，他总是不听？

又或是你老是在同事最忙的时候来表达你的关心，会不会是你在小时候，总是得不到别人的重视？别人兴高采烈地玩耍，而你总是被忽略的那一个？你这样做背后的想法是怎样的？

我这样说、这样做是想：

……………………………………………………………………

……………………………………………………………………

……………………………………………………………………

……………………………………………………………………

……………………………………………………………………

当你清楚为什么这样说或这样做后，你渴望别人怎样对待你？

例如你老是和父亲吵架，因为他过去总是反对你的意见，那你现在是渴望父亲能接纳你的意见，还是渴望他跟你道歉？

你永远在同事最忙的时候，对他表达你的关心，是因为你害怕被人遗忘，还是别的原因？你渴望他们以后怎样跟你相处？你最渴望别人怎样对待你？

我渴望别人用什么方式对待我？

……………………………………………………………………

……………………………………………………………………

……………………………………………………………………

……………………………………………………………………

你的渴望反映了你的自我价值观，即你认为自己是一个怎样的人。例如你渴望被父亲认同，有没有想过为什么你会有这样的想法？在你自己心里，你可能仍是那个得不到别人肯定而无所适从的孩子；又或是那个永远在别人忙碌时来给予其关心的家伙，在你自己的心里可能仍是那个渴望与别人玩耍，却又不知该怎么办的小孩。现在你要问自己：我是一个怎样的人？你要老实地回答自己，这个问题你只需要向自己交代。

我的自我价值观是：

……………………………………………………………………

……………………………………………………………………

……………………………………………………………………

……………………………………………………………………

经过以上的自我认识后，无论你认为自己是一个怎样的人，你还是可以欣赏自己的。你可以选择不跟某人生活，你却不可以选择不跟自己生活。无论你的自我价值观是怎样的，你还是你，只要愿意去做，你永远可以活得更好。

在上一项目里，你已写下自己是一个怎样的人，无论过去怎样，你仍然能够决定将来的你是怎样的一个人，把你的感受、宣言和承诺，以欣赏的模式写下来。

我欣赏自己：

……………………………………………………………………………………

……………………………………………………………………………………

……………………………………………………………………………………

……………………………………………………………………………………

……………………………………………………………………………………

第二个月每日行动指引

经过一个月的练习，你基本掌握了自己的目标，也明白工作、家庭、人际关系、兴趣和其他事项对你的重要性。你了解如何计划每日的行动，并完成每天的目标。通过每天的练习，你开始懂得欣赏每天的成果和反省从中取得的体验；除此之外，你还需要有勇气去面对随时修改目标的可能性，也需要保持对内心真我的敏锐。

虽然你已取得一些成果，然而三个月中你不会是一帆风顺的。你在实践每天的目标时可能会遇到困难，这些困难有时会令你灰心丧气。本月的每日行动计划，除了继续练习设定每天欣赏的目标、行动、成果和体验，还要学会处理冲突，了解冲突所反映的自我价值和内心渴望。

日迁一善

日期：　　　　　　今天是第　　天

我今天锻炼欣赏的目标是：

....

....

....

....

....

我今天锻炼欣赏的行动是：

....

....

....

....

....

我今天锻炼欣赏的成果是：

……………………………………………………………………………………

……………………………………………………………………………………

……………………………………………………………………………………

……………………………………………………………………………………

……………………………………………………………………………………

……………………………………………………………………………………

我今天关于目标的体验有：

……………………………………………………………………………………

……………………………………………………………………………………

……………………………………………………………………………………

……………………………………………………………………………………

……………………………………………………………………………………

我今天所遇到的冲突或困难是（有需要时才填写）：

……………………………………………………………………………………

……………………………………………………………………………………

……………………………………………………………………………………

……………………………………………………………………………………

……………………………………………………………………………………

日迁一善

日期：　　　　　今天是第　　天

我今天锻炼欣赏的目标是：

…………………………………………

…………………………………………

…………………………………………

…………………………………………

…………………………………………

我今天锻炼欣赏的行动是：

…………………………………………

…………………………………………

…………………………………………

…………………………………………

…………………………………………

我今天锻炼欣赏的成果是：

我今天关于目标的体验有：

我今天所遇到的冲突或困难是（有需要时才填写）：

日迁一善

日期：　　　　今天是第　　天

我今天锻炼欣赏的目标是：

....

....

....

....

....

我今天锻炼欣赏的行动是：

....

....

....

....

....

我今天锻炼欣赏的成果是：

....

....

....

....

....

....

我今天关于目标的体验有：

....

....

....

....

....

我今天所遇到的冲突或困难是（有需要时才填写）：

....

....

....

....

....

日迁一善

日期：　　　　今天是第　　天

我今天锻炼欣赏的目标是：

....

....

....

....

....

我今天锻炼欣赏的行动是：

....

....

....

....

....

我今天锻炼欣赏的成果是：

………………………………………………………………………………

………………………………………………………………………………

………………………………………………………………………………

………………………………………………………………………………

………………………………………………………………………………

………………………………………………………………………………

我今天关于目标的体验有：

………………………………………………………………………………

………………………………………………………………………………

………………………………………………………………………………

………………………………………………………………………………

………………………………………………………………………………

我今天所遇到的冲突或困难是（有需要时才填写）：

………………………………………………………………………………

………………………………………………………………………………

………………………………………………………………………………

………………………………………………………………………………

………………………………………………………………………………

日迁一善

日期：　　　　今天是第　　天

我今天锻炼欣赏的目标是：

……………………………………………………………………

……………………………………………………………………

……………………………………………………………………

……………………………………………………………………

……………………………………………………………………

我今天锻炼欣赏的行动是：

……………………………………………………………………

……………………………………………………………………

……………………………………………………………………

……………………………………………………………………

……………………………………………………………………

我今天锻炼欣赏的成果是：

……………………………………………………………………………………

……………………………………………………………………………………

……………………………………………………………………………………

……………………………………………………………………………………

……………………………………………………………………………………

……………………………………………………………………………………

我今天关于目标的体验有：

……………………………………………………………………………………

……………………………………………………………………………………

……………………………………………………………………………………

……………………………………………………………………………………

……………………………………………………………………………………

我今天所遇到的冲突或困难是（有需要时才填写）：

……………………………………………………………………………………

……………………………………………………………………………………

……………………………………………………………………………………

……………………………………………………………………………………

……………………………………………………………………………………

日迁一善

日期：　　　　　今天是第　　天

我今天锻炼欣赏的目标是：

……………………………………………………………………

……………………………………………………………………

……………………………………………………………………

……………………………………………………………………

……………………………………………………………………

我今天锻炼欣赏的行动是：

……………………………………………………………………

……………………………………………………………………

……………………………………………………………………

……………………………………………………………………

……………………………………………………………………

我今天锻炼欣赏的成果是：

……………………………………………………………………………

……………………………………………………………………………

……………………………………………………………………………

……………………………………………………………………………

……………………………………………………………………………

……………………………………………………………………………

我今天关于目标的体验有：

……………………………………………………………………………

……………………………………………………………………………

……………………………………………………………………………

……………………………………………………………………………

……………………………………………………………………………

我今天所遇到的冲突或困难是（有需要时才填写）：

……………………………………………………………………………

……………………………………………………………………………

……………………………………………………………………………

……………………………………………………………………………

……………………………………………………………………………

每周进度检视

思维

行为

感受

留意你的心态，心态可以变成思想；

留意你的思想，思想可以变成语言；

留意你的语言，语言可以变成行动；

留意你的行动，行动可以变成习惯；

留意你的习惯，习惯可以变成性格；

留意你的性格，性格可以决定命运……

日迁一善

日期：　　　　　今天是第　　天

我今天锻炼欣赏的目标是：

我今天锻炼欣赏的行动是：

我今天锻炼欣赏的成果是：

我今天关于目标的体验有：

我今天所遇到的冲突或困难是（有需要时才填写）：

日迁一善

日期：　　　　今天是第　　天

我今天锻炼欣赏的目标是：

…………………………………………………………

…………………………………………………………

…………………………………………………………

…………………………………………………………

…………………………………………………………

我今天锻炼欣赏的行动是：

…………………………………………………………

…………………………………………………………

…………………………………………………………

…………………………………………………………

…………………………………………………………

我今天锻炼欣赏的成果是：

我今天关于目标的体验有：

我今天所遇到的冲突或困难是（有需要时才填写）：

日迁一善

日期：　　　　今天是第　　天

我今天锻炼欣赏的目标是：

....

....

....

....

....

我今天锻炼欣赏的行动是：

....

....

....

....

....

我今天锻炼欣赏的成果是：

我今天关于目标的体验有：

我今天所遇到的冲突或困难是（有需要时才填写）：

日迁一善

日期：　　　　今天是第　　天

我今天锻炼欣赏的目标是：

....

....

....

....

....

我今天锻炼欣赏的行动是：

....

....

....

....

....

我今天锻炼欣赏的成果是：

我今天关于目标的体验有：

我今天所遇到的冲突或困难是（有需要时才填写）：

日迁一善

日期：　　　　　今天是第　　天

我今天锻炼欣赏的目标是：

……………………………………………………………………

……………………………………………………………………

……………………………………………………………………

……………………………………………………………………

……………………………………………………………………

我今天锻炼欣赏的行动是：

……………………………………………………………………

……………………………………………………………………

……………………………………………………………………

……………………………………………………………………

……………………………………………………………………

我今天锻炼欣赏的成果是：

…………………………………………………………………………

…………………………………………………………………………

…………………………………………………………………………

…………………………………………………………………………

…………………………………………………………………………

…………………………………………………………………………

我今天关于目标的体验有：

…………………………………………………………………………

…………………………………………………………………………

…………………………………………………………………………

…………………………………………………………………………

…………………………………………………………………………

我今天所遇到的冲突或困难是（有需要时才填写）：

…………………………………………………………………………

…………………………………………………………………………

…………………………………………………………………………

…………………………………………………………………………

…………………………………………………………………………

日迁一善

日期：　　　　　今天是第　　天

我今天锻炼欣赏的目标是：

我今天锻炼欣赏的行动是：

我今天锻炼欣赏的成果是：

……………………………………………………………………

……………………………………………………………………

……………………………………………………………………

……………………………………………………………………

……………………………………………………………………

……………………………………………………………………

我今天关于目标的体验有：

……………………………………………………………………

……………………………………………………………………

……………………………………………………………………

……………………………………………………………………

……………………………………………………………………

我今天所遇到的冲突或困难是（有需要时才填写）：

……………………………………………………………………

……………………………………………………………………

……………………………………………………………………

……………………………………………………………………

……………………………………………………………………

每周进度检视

思维

……………………………………………………………

……………………………………………………………

……………………………………………………………

行为

……………………………………………………………

……………………………………………………………

……………………………………………………………

感受

……………………………………………………………

……………………………………………………………

……………………………………………………………

心灵空间

爱的力量

有位教社会学的大学教授，曾叫班上的学生到巴尔的摩贫民窟调查200名男孩的成长背景和生活环境，并对他们未来的发展做一番评估，每个学生的结论都是“他们毫无出头的机会”。

25年后，另一位教授发现了这份研究，他叫学生做后续调查，看昔日这些男孩今天是何状况。调查结果指出，除20名男孩搬离或过世外，剩下的180名男孩中有176名取得了非凡的成就，其中担任律师、医生或商人的比比皆是。

这位教授惊讶之余，决定深入调查此事。他拜访了当年曾受评估的年轻人，向他们请教了同一个问题：“你今日会成功的最大原因是什么？”结果，他们都不约而同地回答：“因为我遇到了一位好老师。”

这位老师当时仍健在，虽然年迈，但还是耳聪目明。教授找到她后，问她到底有何绝招，能让这些在贫民窟长大的孩子个个出人头地。

这位老太太眼中闪着慈祥的光芒，嘴角带着微笑，回答道：“其实也没什么，我爱这些孩子。”

日迁一善

日期：　　　　今天是第　　天

我今天锻炼欣赏的目标是：

我今天锻炼欣赏的行动是：

我今天锻炼欣赏的成果是：

……………………………………………………………………………

……………………………………………………………………………

……………………………………………………………………………

……………………………………………………………………………

……………………………………………………………………………

……………………………………………………………………………

我今天关于目标的体验有：

……………………………………………………………………………

……………………………………………………………………………

……………………………………………………………………………

……………………………………………………………………………

……………………………………………………………………………

我今天所遇到的冲突或困难是（有需要时才填写）：

……………………………………………………………………………

……………………………………………………………………………

……………………………………………………………………………

……………………………………………………………………………

……………………………………………………………………………

日迁一善

日期：　　　　今天是第　　天

我今天锻炼欣赏的目标是：

....

....

....

....

....

我今天锻炼欣赏的行动是：

....

....

....

....

....

我今天锻炼欣赏的成果是：

....

....

....

....

....

....

我今天关于目标的体验有：

....

....

....

....

....

我今天所遇到的冲突或困难是（有需要时才填写）：

....

....

....

....

....

日迁一善

日期：　　　　今天是第　　天

我今天锻炼欣赏的目标是：

我今天锻炼欣赏的行动是：

我今天锻炼欣赏的成果是：

…………………………………………………………

…………………………………………………………

…………………………………………………………

…………………………………………………………

…………………………………………………………

…………………………………………………………

我今天关于目标的体验有：

…………………………………………………………

…………………………………………………………

…………………………………………………………

…………………………………………………………

…………………………………………………………

我今天所遇到的冲突或困难是（有需要时才填写）：

…………………………………………………………

…………………………………………………………

…………………………………………………………

…………………………………………………………

…………………………………………………………

日迁一善

日期：　　　　今天是第　　天

我今天锻炼欣赏的目标是：

……………………………………………………

……………………………………………………

……………………………………………………

……………………………………………………

……………………………………………………

我今天锻炼欣赏的行动是：

……………………………………………………

……………………………………………………

……………………………………………………

……………………………………………………

……………………………………………………

我今天锻炼欣赏的成果是：

……………………………………………………………………

……………………………………………………………………

……………………………………………………………………

……………………………………………………………………

……………………………………………………………………

……………………………………………………………………

我今天关于目标的体验有：

……………………………………………………………………

……………………………………………………………………

……………………………………………………………………

……………………………………………………………………

……………………………………………………………………

我今天所遇到的冲突或困难是（有需要时才填写）：

……………………………………………………………………

……………………………………………………………………

……………………………………………………………………

……………………………………………………………………

……………………………………………………………………

日迁一善

日期：　　　　今天是第　　天

我今天锻炼欣赏的目标是：

……………………………………………………………………

……………………………………………………………………

……………………………………………………………………

……………………………………………………………………

……………………………………………………………………

我今天锻炼欣赏的行动是：

……………………………………………………………………

……………………………………………………………………

……………………………………………………………………

……………………………………………………………………

……………………………………………………………………

我今天锻炼欣赏的成果是：

....

....

....

....

....

....

我今天关于目标的体验有：

....

....

....

....

....

我今天所遇到的冲突或困难是（有需要时才填写）：

....

....

....

....

....

日迁一善

日期：　　　　今天是第　　天

我今天锻炼欣赏的目标是：

我今天锻炼欣赏的行动是：

我今天锻炼欣赏的成果是：

……………………………………………………………………

……………………………………………………………………

……………………………………………………………………

……………………………………………………………………

……………………………………………………………………

……………………………………………………………………

我今天关于目标的体验有：

……………………………………………………………………

……………………………………………………………………

……………………………………………………………………

……………………………………………………………………

……………………………………………………………………

我今天所遇到的冲突或困难是（有需要时才填写）：

……………………………………………………………………

……………………………………………………………………

……………………………………………………………………

……………………………………………………………………

……………………………………………………………………

每周进度检视

思维

行为

感受

日迁一善

日期：　　　　今天是第　　天

我今天锻炼欣赏的目标是：

我今天锻炼欣赏的行动是：

我今天锻炼欣赏的成果是：

……………………………………………………………………

……………………………………………………………………

……………………………………………………………………

……………………………………………………………………

……………………………………………………………………

……………………………………………………………………

我今天关于目标的体验有：

……………………………………………………………………

……………………………………………………………………

……………………………………………………………………

……………………………………………………………………

……………………………………………………………………

我今天所遇到的冲突或困难是（有需要时才填写）：

……………………………………………………………………

……………………………………………………………………

……………………………………………………………………

……………………………………………………………………

……………………………………………………………………

日迁一善

日期：　　　　今天是第　　天

我今天锻炼欣赏的目标是：

....

....

....

....

....

我今天锻炼欣赏的行动是：

....

....

....

....

....

我今天锻炼欣赏的成果是：

……………………………………………………………………………………

……………………………………………………………………………………

……………………………………………………………………………………

……………………………………………………………………………………

……………………………………………………………………………………

……………………………………………………………………………………

我今天关于目标的体验有：

……………………………………………………………………………………

……………………………………………………………………………………

……………………………………………………………………………………

……………………………………………………………………………………

……………………………………………………………………………………

我今天所遇到的冲突或困难是（有需要时才填写）：

……………………………………………………………………………………

……………………………………………………………………………………

……………………………………………………………………………………

……………………………………………………………………………………

……………………………………………………………………………………

日迁一善

日期：　　　　　今天是第　　天

我今天锻炼欣赏的目标是：

....

....

....

....

....

我今天锻炼欣赏的行动是：

....

....

....

....

....

我今天锻炼欣赏的成果是：

……………………………………………………………………

……………………………………………………………………

……………………………………………………………………

……………………………………………………………………

……………………………………………………………………

……………………………………………………………………

我今天关于目标的体验有：

……………………………………………………………………

……………………………………………………………………

……………………………………………………………………

……………………………………………………………………

……………………………………………………………………

我今天所遇到的冲突或困难是（有需要时才填写）：

……………………………………………………………………

……………………………………………………………………

……………………………………………………………………

……………………………………………………………………

……………………………………………………………………

日迁一善

日期：　　　　今天是第　　天

我今天锻炼欣赏的目标是：

我今天锻炼欣赏的行动是：

我今天锻炼欣赏的成果是：

……………………………………………………………………………………

……………………………………………………………………………………

……………………………………………………………………………………

……………………………………………………………………………………

……………………………………………………………………………………

……………………………………………………………………………………

我今天关于目标的体验有：

……………………………………………………………………………………

……………………………………………………………………………………

……………………………………………………………………………………

……………………………………………………………………………………

……………………………………………………………………………………

我今天所遇到的冲突或困难是（有需要时才填写）：

……………………………………………………………………………………

……………………………………………………………………………………

……………………………………………………………………………………

……………………………………………………………………………………

……………………………………………………………………………………

日迁一善

日期：　　　　今天是第　　天

我今天锻炼欣赏的目标是：

我今天锻炼欣赏的行动是：

我今天锻炼欣赏的成果是：

我今天关于目标的体验有：

我今天所遇到的冲突或困难是（有需要时才填写）：

日迁一善

日期：　　　　今天是第　　天

我今天锻炼欣赏的目标是：

我今天锻炼欣赏的行动是：

我今天锻炼欣赏的成果是：

……

我今天关于目标的体验有：

……

我今天所遇到的冲突或困难是（有需要时才填写）：

……

第二个月的进度检视

经过两个月每天不断的练习，你会不会觉得疲惫？千万别放弃，相信大家都听过“业精于勤”的道理吧！唯有坦诚地面对自己，努力不懈地反复练习，才能更了解自己，从而提升自己，为团队做出贡献。

在本月的行动计划内，你每天要留意自己在实践目标时面对的困难和冲突。冲突怎样出现？你渴望别人怎样对你？你的自我形象是怎样的？每一个环节都提醒你对自己的心灵保持敏锐，重视每一段触动心灵的经历，这些微小的经历，往往可以带你走向自己更深的内心世界，也会让你比上个月更有启发。

这里还是要不厌其烦地提醒你：无论是令你兴奋的经历，还是令你沮丧的经历，对你来说都是有益处的。如果现在令你沮丧的经历比较多的话，你可能需要了解是不是有一些往日的经验还没有放下来。你需要对自己坦诚，处理这些有待处理的问题，活出真我。

在前两个月中，你觉得最大的困难或冲突是什么？

....

....

....

....

....

你心里最渴望别人怎样对待你？

....

....

....

....

....

现在的你跟以前有什么不同？请记下不同之处。

....

....

....

....

....

....

请你在下列图表中，填上你现在花在各项目上的欣赏时间，并进行各项目的重要性排序。然后再跟第一个月比较，你发现了什么？

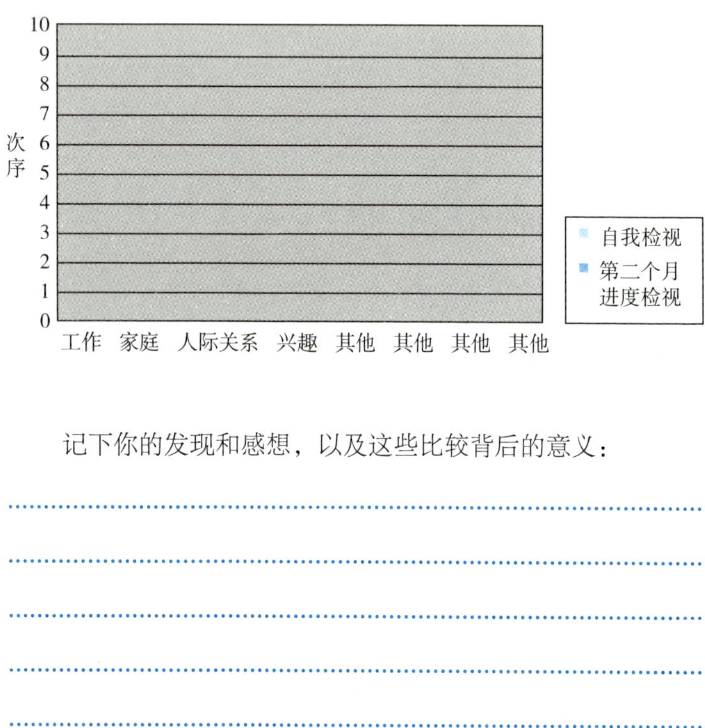

记下你的发现和感想，以及这些比较背后的意义：

……………………………………………………………………………………

……………………………………………………………………………………

……………………………………………………………………………………

……………………………………………………………………………………

……………………………………………………………………………………

相信你已有了丰富的收获，这些就是你两个月来努力不懈的成果，无论成就有多大，只要你愿意，就有可能更上一层楼。

第三个月实操步骤

第三个月每日行动指引

日迁一善

每周进度检视

心灵空间

第三个月的进度检视

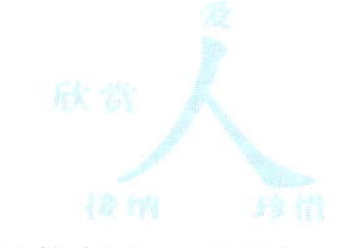

第三个月每日行动指引

经过两个月的练习，你对自己的目标和成果都有了一定的掌握，知道怎样将自己的体验转化成行动。你也了解了在实践过程中，面对的困难与你的性格和个人成长经历有关，明白了自己对别人行为的期望。你清楚自己的自我价值，同时明白了接纳自我的重要性。在这个月，你要整合第一个月和第二个月的成果。

你可以再检视一下现在的进度，跟你的目标相距有多远。如果距离太远，那在余下的一个月内，你需要进行怎样的调整。现在，再看看你所描绘的成功蓝图，感受迈向成功的感觉吧。

你第一个月订下的目标，跟当时的自我形象有密不可分的关系。现在你对目标的设定可能有了不同的看法，具体是什么呢？请写在下面。

我今天锻炼欣赏的目标是：

……………………………………………………

……………………………………………………

……………………………………………………

我今天锻炼欣赏的行动是：

……………………………………………………

……………………………………………………

……………………………………………………

经过上个月的进度检视，你已清楚自己心里渴望别人怎样对你。当你实践目标时，难免会遇到冲突和挫折，那代表你的渴望和期望得不到满足，你是否会感到失望、愤怒或难过？你会怎么办？

这里给你提供几个建议：

（1）**放下尚未满足的期待：**放下你的渴望和期待，接纳自己，你是有价值的，无人能取代的；

（2）**找出其他可以满足你期待的方法：**既然过去或现在的方法均无法满足你的期待，那么，你可以探索其他可行的方法来满足你的期待；

（3）**依然保持你尚未被满足的期待：**如果你仍然想保持你

的期望，或已找出其他方法来满足你的期待，你就要考虑为此所付出的代价或其他人所要付出的代价，然后再决定是不是仍要满足你的期待；

（4）**回到你渴望的层次上：**假如你渴望得到父亲的赞许及认同，这反映出你想得到的是赞许及认同，那么你也可以在父亲以外的人和自己那里得到赞许及认同；

（5）**在满足你那些尚未满足的期待上工作：**你的期待未被满足，可能受旧有的信念影响，以致你不能发挥潜能、不能有效满足期待。你需要突破旧有的信念，用新的思维来寻找方法，满足你的期待。

你不被满足的期待是什么？

……………………………………………………………………

……………………………………………………………………

……………………………………………………………………

你会采取什么方案来解决那些不被满足的期待？具体的实践方法是怎样的？

……………………………………………………………………

……………………………………………………………………

……………………………………………………………………

……………………………………………………………………

你在具体落实时可能会遇到什么困难？想怎样解决？

我今天锻炼欣赏的成果是：

我今天关于目标的体验有：

日迁一善

日期：　　　　今天是第　　天

我今天锻炼欣赏的目标是：

我今天锻炼欣赏的行动是：

我今天锻炼欣赏的成果是：

……………………………………………………………………

……………………………………………………………………

……………………………………………………………………

……………………………………………………………………

我今天关于目标的体验有：

……………………………………………………………………

……………………………………………………………………

……………………………………………………………………

……………………………………………………………………

我未被满足的期待是：

……………………………………………………………………

……………………………………………………………………

……………………………………………………………………

我的选择是：

……………………………………………………………………

……………………………………………………………………

……………………………………………………………………

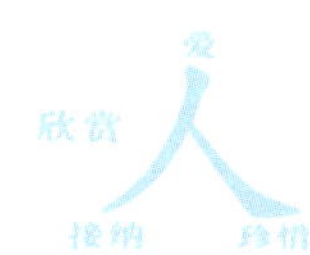

日迁一善

日期：　　　　今天是第　　天

我今天锻炼欣赏的目标是：

……………………………………………………

……………………………………………………

……………………………………………………

……………………………………………………

……………………………………………………

我今天锻炼欣赏的行动是：

……………………………………………………

……………………………………………………

……………………………………………………

……………………………………………………

……………………………………………………

我今天锻炼欣赏的成果是：

…………………………………………………………………………

…………………………………………………………………………

…………………………………………………………………………

…………………………………………………………………………

我今天关于目标的体验有：

…………………………………………………………………………

…………………………………………………………………………

…………………………………………………………………………

…………………………………………………………………………

我未被满足的期待是：

…………………………………………………………………………

…………………………………………………………………………

…………………………………………………………………………

我的选择是：

…………………………………………………………………………

…………………………………………………………………………

…………………………………………………………………………

日迁一善

日期：　　　　今天是第　　天

我今天锻炼欣赏的目标是：

……………………………………………………………………

……………………………………………………………………

……………………………………………………………………

……………………………………………………………………

……………………………………………………………………

我今天锻炼欣赏的行动是：

……………………………………………………………………

……………………………………………………………………

……………………………………………………………………

……………………………………………………………………

……………………………………………………………………

我今天锻炼欣赏的成果是：

……………………………………………………………………

……………………………………………………………………

……………………………………………………………………

……………………………………………………………………

我今天关于目标的体验有：

……………………………………………………………………

……………………………………………………………………

……………………………………………………………………

……………………………………………………………………

我未被满足的期待是：

……………………………………………………………………

……………………………………………………………………

……………………………………………………………………

我的选择是：

……………………………………………………………………

……………………………………………………………………

……………………………………………………………………

日迁一善

日期：　　　　今天是第　　天

我今天锻炼欣赏的目标是：

……………………………………………………

……………………………………………………

……………………………………………………

……………………………………………………

……………………………………………………

我今天锻炼欣赏的行动是：

……………………………………………………

……………………………………………………

……………………………………………………

……………………………………………………

……………………………………………………

我今天锻炼欣赏的成果是：

……

我今天关于目标的体验有：

……

我未被满足的期待是：

……

我的选择是：

……

日迁一善

日期：　　　　今天是第　　天

我今天锻炼欣赏的目标是：

....

....

....

....

....

我今天锻炼欣赏的行动是：

....

....

....

....

....

我今天锻炼欣赏的成果是：

……………………………………………………………………………

……………………………………………………………………………

……………………………………………………………………………

……………………………………………………………………………

我今天关于目标的体验有：

……………………………………………………………………………

……………………………………………………………………………

……………………………………………………………………………

……………………………………………………………………………

我未被满足的期待是：

……………………………………………………………………………

……………………………………………………………………………

……………………………………………………………………………

我的选择是：

……………………………………………………………………………

……………………………………………………………………………

……………………………………………………………………………

日迁一善

日期：　　　　今天是第　　天

我今天锻炼欣赏的目标是：

……………………………………………………………………

……………………………………………………………………

……………………………………………………………………

……………………………………………………………………

……………………………………………………………………

我今天锻炼欣赏的行动是：

……………………………………………………………………

……………………………………………………………………

……………………………………………………………………

……………………………………………………………………

……………………………………………………………………

我今天锻炼欣赏的成果是：

……………………………………

……………………………………

……………………………………

……………………………………

我今天关于目标的体验有：

……………………………………

……………………………………

……………………………………

……………………………………

我未被满足的期待是：

……………………………………

……………………………………

……………………………………

我的选择是：

……………………………………

……………………………………

……………………………………

每周进度检视

思维

行为

感受

心灵空间

学会欣赏自己

人喜欢受到欣赏。“人性里最深的原理！”威廉詹姆士说，“是受欣赏的渴望。”

但太渴望别人的欣赏，就是自找麻烦了。“太依靠别人的认可，”提希谢说，“人生就会变得如坐针毡。”

解决的方法是，不去找欣赏我们的人，而是学习欣赏自己。怎样做？很简单。在自己身上花时间，花时间陪自己。

欣赏是一种积极的选择。我们“选择”花时间发现某物或某人的好处，这需要纪律和集中精神。我们必须寻找对象的好处，即使对象看起来不好。我们的习惯反应可能是“我厌透了这东西”或“我不喜欢它”。但下了功夫，我们就能超越这习惯反应，做出一种比较愉快、比较有乐趣及比较丰富的反应。

“知道最好的人或事物也有邪恶，是件伤心事”，李格斯博士说，“发现最坏的里面也有善，是个喜悦，这喜悦远远抵过那伤心而有余。”

如何提高我们的欣赏能力？练习、练习、再练习。有什么是可以“经常”拿来练习的？当然，就是我们自己。“能不理人群的掌声，”艾迪逊写道，“无求于人群也自得其乐者，是伟大的人。”

多看自己而不一味地求别人欣赏，就会发生一件极为奇妙的事：别人似乎比较欣赏我们了。当然，不是所有的别人都会这样——有的人会说我们“虚荣，以自我为中心，自负”。没错，我们大概怎么做也不会得到这些人的欣赏。

学会欣赏自己，当我们比较欣赏自己的时候，会更多地得到别人的欣赏。

我们周围大多数事物都被视为理所当然，我们对其一无所知。欣赏——即花时间寻找其中的好处——能帮我们克服那使我们无法享受既有财富的基本限制之一：无知。

因为无知，我们可以更好地开拓未来的领域；因为无知，我们无法完全充实对已知的满足；因为无知，我们也将丧失很多成功的机会。所以我们要经常提醒自己，在自我欣赏的过程中，不可做完全彻底的最后肯定，要留有一点余地。或许，从这一点出发，我们可以发现更多的精彩。

日迁一善

日期：　　　　今天是第　　天

我今天锻炼欣赏的目标是：

……………………………………………………………………

……………………………………………………………………

……………………………………………………………………

……………………………………………………………………

……………………………………………………………………

我今天锻炼欣赏的行动是：

……………………………………………………………………

……………………………………………………………………

……………………………………………………………………

……………………………………………………………………

……………………………………………………………………

我今天锻炼欣赏的成果是：

……………………………………………………………………………………

……………………………………………………………………………………

……………………………………………………………………………………

……………………………………………………………………………………

我今天关于目标的体验有：

……………………………………………………………………………………

……………………………………………………………………………………

……………………………………………………………………………………

……………………………………………………………………………………

我未被满足的期待是：

……………………………………………………………………………………

……………………………………………………………………………………

……………………………………………………………………………………

我的选择是：

……………………………………………………………………………………

……………………………………………………………………………………

……………………………………………………………………………………

日迁一善

日期：　　　　今天是第　　天

我今天锻炼欣赏的目标是：

我今天锻炼欣赏的行动是：

我今天锻炼欣赏的成果是：

……………………………………………………………………

……………………………………………………………………

……………………………………………………………………

……………………………………………………………………

我今天关于目标的体验有：

……………………………………………………………………

……………………………………………………………………

……………………………………………………………………

……………………………………………………………………

我未被满足的期待是：

……………………………………………………………………

……………………………………………………………………

……………………………………………………………………

我的选择是：

……………………………………………………………………

……………………………………………………………………

……………………………………………………………………

日迁一善

日期：　　　　今天是第　　天

我今天锻炼欣赏的目标是：

…………………………………………

…………………………………………

…………………………………………

…………………………………………

…………………………………………

我今天锻炼欣赏的行动是：

…………………………………………

…………………………………………

…………………………………………

…………………………………………

…………………………………………

我今天锻炼欣赏的成果是：

....

....

....

....

我今天关于目标的体验有：

....

....

....

....

我未被满足的期待是：

....

....

....

我的选择是：

....

....

....

日迁一善

日期：　　　　　今天是第　　天

我今天锻炼欣赏的目标是：

我今天锻炼欣赏的行动是：

我今天锻炼欣赏的成果是：

…………………………………………………………………………

…………………………………………………………………………

…………………………………………………………………………

…………………………………………………………………………

我今天关于目标的体验有：

…………………………………………………………………………

…………………………………………………………………………

…………………………………………………………………………

…………………………………………………………………………

我未被满足的期待是：

…………………………………………………………………………

…………………………………………………………………………

…………………………………………………………………………

我的选择是：

…………………………………………………………………………

…………………………………………………………………………

…………………………………………………………………………

日迁一善

日期：　　　　　今天是第　　天

我今天锻炼欣赏的目标是：

我今天锻炼欣赏的行动是：

我今天锻炼欣赏的成果是：

……………………………………………………

……………………………………………………

……………………………………………………

……………………………………………………

我今天关于目标的体验有：

……………………………………………………

……………………………………………………

……………………………………………………

……………………………………………………

我未被满足的期待是：

……………………………………………………

……………………………………………………

……………………………………………………

我的选择是：

……………………………………………………

……………………………………………………

……………………………………………………

日迁一善

日期：　　　　今天是第　　天

我今天锻炼欣赏的目标是：

………………………………………………………………

………………………………………………………………

………………………………………………………………

………………………………………………………………

………………………………………………………………

我今天锻炼欣赏的行动是：

………………………………………………………………

………………………………………………………………

………………………………………………………………

………………………………………………………………

………………………………………………………………

我今天锻炼欣赏的成果是：

……

我今天关于目标的体验有：

……

我未被满足的期待是：

……

我的选择是：

……

每周进度检视

思维

行为

感受

心灵空间

懂得欣赏别人

作为公司经理，我一直以来都只强调完成工作，不大注意与下属之间的关系。有一天，女儿的话令我深刻反省了自己。

“妈咪，你觉得我俩近来怎样？”刚读高一的女儿突然问我，好像要抗议些什么似的。

“很好，我们的关系比以前好多了。”我说。

“为什么你从不赞扬我呢？”她这一问把我唤醒了。

一句“称赞”的话对孩子意义重大：

“孩子，我时常留心你的一举一动，而且，我很明白你的处境。”

“我因你的表现（或决定）感到荣幸。”

“你这样做不单造就别人，自己也会快乐。再接再厉吧！”

一句“称赞”的话对同事和下属同样意义重大：

“我明白你工作上的困难和付出。”

“作为上司，我为有你这样能干的下属感到自豪。”

在工作上，我常常会忽略下属的感受，他们同样需要别人的欣赏和肯定。这属于薪水以外的“报酬”，当他们感受到别人的重视时，归属感和投入感也会比以往强。要为公司保留一个优秀员工和提高生产能力，在现今竞争激烈的环境下实在不容易。

在工作上多一点称赞，就好像为一部机器增加润滑剂一样，不单让工作的流程更为顺畅，员工的流失率也会下降，公司推行新政策的阻力也将减少。

中年的我需要学习欣赏别人和接受别人的称赞。回想当我开始懂得欣赏别人的时候，自己的性格也渐渐变得乐观，同时，与别人的相处也变得更加融洽。另外，接受别人的称赞是自我肯定的要素之一。既然如此，我当然要“持之以恒”下去！

日迁一善

日期：　　　　今天是第　　天

我今天锻炼欣赏的目标是：

……………………………………………………………………

……………………………………………………………………

……………………………………………………………………

……………………………………………………………………

……………………………………………………………………

我今天锻炼欣赏的行动是：

……………………………………………………………………

……………………………………………………………………

……………………………………………………………………

……………………………………………………………………

……………………………………………………………………

我今天锻炼欣赏的成果是：

……………………………………………………………………

……………………………………………………………………

……………………………………………………………………

……………………………………………………………………

我今天关于目标的体验有：

……………………………………………………………………

……………………………………………………………………

……………………………………………………………………

……………………………………………………………………

我未被满足的期待是：

……………………………………………………………………

……………………………………………………………………

……………………………………………………………………

我的选择是：

……………………………………………………………………

……………………………………………………………………

……………………………………………………………………

日迁一善

日期：　　　　今天是第　　天

我今天锻炼欣赏的目标是：

……………………………………………………………………

……………………………………………………………………

……………………………………………………………………

……………………………………………………………………

……………………………………………………………………

我今天锻炼欣赏的行动是：

……………………………………………………………………

……………………………………………………………………

……………………………………………………………………

……………………………………………………………………

……………………………………………………………………

我今天锻炼欣赏的成果是：

……………………………………………………

……………………………………………………

……………………………………………………

……………………………………………………

我今天关于目标的体验有：

……………………………………………………

……………………………………………………

……………………………………………………

……………………………………………………

我未被满足的期待是：

……………………………………………………

……………………………………………………

……………………………………………………

我的选择是：

……………………………………………………

……………………………………………………

……………………………………………………

日迁一善

日期：　　　　今天是第　　天

我今天锻炼欣赏的目标是：

我今天锻炼欣赏的行动是：

我今天锻炼欣赏的成果是：

我今天关于目标的体验有：

我未被满足的期待是：

我的选择是：

日迁一善

日期：　　　　　今天是第　　天

我今天锻炼欣赏的目标是：

....

....

....

....

....

我今天锻炼欣赏的行动是：

....

....

....

....

....

我今天锻炼欣赏的成果是：

……………………………………………………………………

……………………………………………………………………

……………………………………………………………………

……………………………………………………………………

我今天关于目标的体验有：

……………………………………………………………………

……………………………………………………………………

……………………………………………………………………

……………………………………………………………………

我未被满足的期待是：

……………………………………………………………………

……………………………………………………………………

……………………………………………………………………

我的选择是：

……………………………………………………………………

……………………………………………………………………

……………………………………………………………………

日迁一善

日期：　　　　　　今天是第　　天

我今天锻炼欣赏的目标是：

………………………………………………………………

………………………………………………………………

………………………………………………………………

………………………………………………………………

………………………………………………………………

我今天锻炼欣赏的行动是：

………………………………………………………………

………………………………………………………………

………………………………………………………………

………………………………………………………………

………………………………………………………………

我今天锻炼欣赏的成果是：

我今天关于目标的体验有：

我未被满足的期待是：

我的选择是：

日迁一善

日期：　　　　今天是第　　天

我今天锻炼欣赏的目标是：

....

....

....

....

....

我今天锻炼欣赏的行动是：

....

....

....

....

....

我今天锻炼欣赏的成果是：

……………………………………………………

……………………………………………………

……………………………………………………

……………………………………………………

我今天关于目标的体验有：

……………………………………………………

……………………………………………………

……………………………………………………

……………………………………………………

我未被满足的期待是：

……………………………………………………

……………………………………………………

……………………………………………………

我的选择是：

……………………………………………………

……………………………………………………

……………………………………………………

每周进度检视

思维

行动

感受

日迁一善

日期：　　　　今天是第　　天

我今天锻炼欣赏的目标是：

……………………………………

……………………………………

……………………………………

……………………………………

……………………………………

我今天锻炼欣赏的行动是：

……………………………………

……………………………………

……………………………………

……………………………………

……………………………………

我今天锻炼欣赏的成果是：

……………………………………………………………………

……………………………………………………………………

……………………………………………………………………

……………………………………………………………………

我今天关于目标的体验有：

……………………………………………………………………

……………………………………………………………………

……………………………………………………………………

……………………………………………………………………

我未被满足的期待是：

……………………………………………………………………

……………………………………………………………………

……………………………………………………………………

我的选择是：

……………………………………………………………………

……………………………………………………………………

……………………………………………………………………

日迁一善

日期：　　　　今天是第　　天

我今天锻炼欣赏的目标是：

....

....

....

....

....

我今天锻炼欣赏的行动是：

....

....

....

....

....

我今天锻炼欣赏的成果是：

……………………………………………………………………

……………………………………………………………………

……………………………………………………………………

……………………………………………………………………

我今天关于目标的体验有：

……………………………………………………………………

……………………………………………………………………

……………………………………………………………………

……………………………………………………………………

我未被满足的期待是：

……………………………………………………………………

……………………………………………………………………

……………………………………………………………………

我的选择是：

……………………………………………………………………

……………………………………………………………………

……………………………………………………………………

日迁一善

日期：　　　　今天是第　　天

我今天锻炼欣赏的目标是：

……………………………………………………………………

……………………………………………………………………

……………………………………………………………………

……………………………………………………………………

……………………………………………………………………

我今天锻炼欣赏的行动是：

……………………………………………………………………

……………………………………………………………………

……………………………………………………………………

……………………………………………………………………

……………………………………………………………………

我今天锻炼欣赏的成果是：

....

....

....

....

我今天关于目标的体验有：

....

....

....

....

我未被满足的期待是：

....

....

....

我的选择是：

....

....

....

日迁一善

日期：　　　　今天是第　　天

我今天锻炼欣赏的目标是：

我今天锻炼欣赏的行动是：

我今天锻炼欣赏的成果是:

....

....

....

....

我今天关于目标的体验有:

....

....

....

....

我未被满足的期待是:

....

....

....

我的选择是:

....

....

....

日迁一善

日期：　　　　今天是第　　天

我今天锻炼欣赏的目标是：

....

....

....

....

....

我今天锻炼欣赏的行动是：

....

....

....

....

....

我今天锻炼欣赏的成果是：

……………………………………………………………………

……………………………………………………………………

……………………………………………………………………

……………………………………………………………………

我今天关于目标的体验有：

……………………………………………………………………

……………………………………………………………………

……………………………………………………………………

……………………………………………………………………

我未被满足的期待是：

……………………………………………………………………

……………………………………………………………………

……………………………………………………………………

我的选择是：

……………………………………………………………………

……………………………………………………………………

……………………………………………………………………

日迁一善

日期：　　　　今天是第　　天

我今天锻炼欣赏的目标是：

....

....

....

....

....

我今天锻炼欣赏的行动是：

....

....

....

....

....

我今天锻炼欣赏的成果是：

……………………………………………………………………………………

……………………………………………………………………………………

……………………………………………………………………………………

……………………………………………………………………………………

我今天关于目标的体验有：

……………………………………………………………………………………

……………………………………………………………………………………

……………………………………………………………………………………

……………………………………………………………………………………

我未被满足的期待是：

……………………………………………………………………………………

……………………………………………………………………………………

……………………………………………………………………………………

我的选择是：

……………………………………………………………………………………

……………………………………………………………………………………

……………………………………………………………………………………

第三个月的进度检视

请记下经过一天的努力后，你所做到的事项。

我今天锻炼欣赏的成果是：

经过三个月的练习，你已明白你所重新设定的目标、你的行为和你所看重的事情均反映出你的价值观，那么，现在你所看重的价值观又是什么样的？跟以前的有没有分别？请记下你的体验。

我今天关于目标的体验有：

……………………………………………………………………………………

……………………………………………………………………………………

……………………………………………………………………………………

……………………………………………………………………………………

……………………………………………………………………………………

……………………………………………………………………………………

……………………………………………………………………………………

经过三个月每天的反复练习，相信你无论对本效率手册的内容或是自己的目标都有了充分的掌握和了解。在这段时间内，相信你在心态上跟以前的你已经不一样了。在此要恭喜你，你辛勤的努力没有白费，完成三个月的练习不是结束，而是你的一个里程碑，只要你愿意，你可以按自己已有的成果，向更远、更美好的地方进发。

现在回顾你过去三个月的努力，请你以欣赏的角度写下你在设定目标范畴内的收获。

设定目标	收获内容

经过三个月的努力，以爱、珍惜和接纳三方面来描写你现在的欣赏能力：

爱

……………………………………………………………………………………

……………………………………………………………………………………

……………………………………………………………………………………

……………………………………………………………………………………

……………………………………………………………………………………

珍惜

……………………………………………………………………………………

……………………………………………………………………………………

……………………………………………………………………………………

……………………………………………………………………………………

……………………………………………………………………………………

接纳

……………………………………………………………………………………

……………………………………………………………………………………

……………………………………………………………………………………

……………………………………………………………………………………

可能性令世界值得欣赏

世界是值得欣赏的，因为世界存在无限的可能性，正因为可能性的存在，世上所有的东西都是可变化的，它们有机会变得更好、更美。万事万物都是相对的，不是绝对的，美中有丑，丑可美化；善中有恶，恶可化善。而可能性的心态令世界上的任何事物都值得欣赏，因为它们都有着变成正面的机会，以下的练习将会帮你从可能性的角度欣赏世界。

请写出一件你不欣赏的东西：

这可以是一个人、一件事、一个对象（例如贫穷、罪恶）。

为何你不会欣赏他（它）？

……………………………………………………………………………………

……………………………………………………………………………………

……………………………………………………………………………………

……………………………………………………………………………………

……………………………………………………………………………………

你有多欣赏他（它）呢？（1分——最不欣赏，5分——最欣赏，请在相应的分数上打上“√”号）

最不欣赏　1　2　3　4　5　最欣赏

试着利用你的可能性去想一想，你不欣赏的东西可以变成怎样？

乞丐也有可能变成成功人士，尽管利用你的可能性去想想。

……………………………………………………………………………………

……………………………………………………………………………………

……………………………………………………………………………………

……………………………………………………………………………………

……………………………………………………………………………………

你不欣赏的东西的背后存在着无限可能，基于无限可能性，你便可以欣赏世界万事万物的无限可能，你可以不管美丑，直接地欣赏世界。

当你用可能性的心态看待世界时，你有多欣赏他（它）呢？（1 分——最不欣赏，5 分——最欣赏，请在相应的分数上打上“√”号）

最不欣赏　1　2　3　4　5　最欣赏

欣赏是发掘可能性的基础，只有欣赏世界，你才可以做到谦虚之探索，从而了解事情背后的真相，做到真正地探索世界。如果你想开发自己的可能性，请参考可能性的效率手册。

企业篇：激发潜能与启发理想

欣赏的作用十分宏大，在企业内，你必须激发他人的潜能才可以使企业的产能提高。激发他人潜能的先决条件是欣赏他人。当你可以开发他人的潜能与启发他人的理想时，就可以做到感召，使别人可以帮助你一起实现理想。

现在，你先选择一名员工或同事。

他是谁？

你有多欣赏他？（1分——最不欣赏，5分——最欣赏，请在相应的分数上打上“√”号）

最不欣赏　1　2　3　4　5　最欣赏

在以上的练习里，你可以看到这位员工的什么可能性呢？

例如他可以在某方面有所发展。

……………………………………………………

……………………………………………………

……………………………………………………

……………………………………………………

看了可能性后，你有多欣赏他呢？（1 分——最不欣赏，5 分——最欣赏，请在相应的分数上打上“√”号）

最不欣赏　1　2　3　4　5　最欣赏

你可以看到这位员工或同事的什么潜能呢？

例如我看到他虽然事事斤斤计较，但是他很谨慎，可以在……方面发挥潜能。

……………………………………………………

……………………………………………………

……………………………………………………

……………………………………………………

当你可以做到真正欣赏这位同事后，你会如何启发他的理想以感召他为企业尽心尽力地服务呢？

例如我会先找他谈谈，然后帮他做生涯规划，了解他的理想是什么。

………………………………………………………………………………

………………………………………………………………………………

………………………………………………………………………………

………………………………………………………………………………

假设那位员工或同事站在你的面前，你会怎样启发他的理想？（你不需要把内容写下来，你只要对着自己说一遍就可以了。）

你会如何帮助这位员工或同事发挥潜能？

………………………………………………………………………………

………………………………………………………………………………

………………………………………………………………………………

………………………………………………………………………………

你预期这位员工的表现将会如何？

………………………………………………………………………………

………………………………………………………………………………

………………………………………………………………………………

………………………………………………………………………………

现在，登录我们的网站，再次测试你的欣赏力的运用情况，欣赏你在过去三个月内取得的成就。如果你想更进一步，如果你需要专业教练从旁协助，请跟我们联络。

无论最终决定如何，你都要对自己的心灵保持敏锐。每天继续用些时间跟你的心灵对话，唯有你的真我才可告诉你未来的发展方向。你可以继续用文字记下每天的收获与成果，来帮助自己了解真我，珍惜这三个月取得的来之不易的成果。

第三部分

总结补充

总 结 01

经过三个月的练习，你已掌握以欣赏之心来对待事物，现在要再次检视你的学习成果，查看你花在工作、家庭、人际关系和兴趣等各方面的时间和你对各事项的排序。请把结果填在下列的图内，然后跟第一个月所填写的表格做对比。

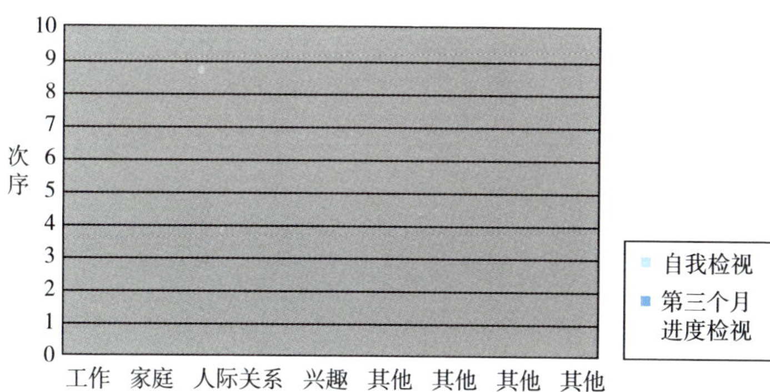

相信你已拥有一个健康的欣赏心态，你可以看看自己在三个月前所订立的目标，现在是时候嘉许你自己在过去三个月里付出的努力了。

应 用 02

在完成本练习后，你可能已在你的工作及生活中取得了很多成就。然而，当你用这种模式去支持他人，使他人像你一样发挥九点领导力时，他人同样也会面临一个心态调适的过程，教练技术就是在心态调适中发挥巨大的作用。成为教练能让你在支持别人时得心应手，从而也令我们的社会、国家不断进步、发展！

为支持你在教练过程中练习应用欣赏的能力，请细阅以下的教练策略：

确定问题

协助被教练者找出问题的核心。

以爱、珍惜和接纳找出行动中与模式有差异的地方

协助被教练者区分爱、珍惜和接纳；

虽然你不喜欢某人的行为，但你可以爱他；

虽然你不喜欢某人的行为，但你可以珍惜他的优点；

虽然你不喜欢某人的行为，但你可以接纳他的独特之处。

厘清目标和方向

协助被教练者厘清在该问题上的期待。

列出差异所产生的后果

协助被教练者找出在该问题上的期待与行为的差异所造成的结果。

找出不同的处理方式

协助被教练者列举不同的可能性。

为自己做选择

让被教练者做选择。

请在日常生活中找一个案例，用教练策略来练习：

1. 确定问题：

2. 以爱、珍惜和接纳找出行动中与模式有差异的地方：

3. 厘清目标和方向：

4. 列出差异所产生的后果：

……………………………………………………………………………………

……………………………………………………………………………………

……………………………………………………………………………………

……………………………………………………………………………………

……………………………………………………………………………………

5. 找出不同的处理方式：

……………………………………………………………………………………

……………………………………………………………………………………

……………………………………………………………………………………

……………………………………………………………………………………

……………………………………………………………………………………

6. 为自己做选择：

……………………………………………………………………………………

……………………………………………………………………………………

……………………………………………………………………………………

……………………………………………………………………………………

……………………………………………………………………………………

附　录 03

下面是关于目标设定的 SMART 系统的详细介绍

specific　　明确的

measurable　　可测量的

attainable　　可达到的

relevant　　相关联的

track-able　　可检视点的

specific 明确的

目标是清晰明确的。直接、具体、清晰地说明什么时间做什么事，不仅自己很清晰明了，而且也让别人一看也清晰明了。不能用相对的时间或数量，如“十五天内”或“增加三十万元”等，而要用具体的、绝对的时间或数量，如“在本年十二月三十一日，公司月营业额达到一百万美元”。

measurable 可测量的

目标是可以被自己或他人测量的。当目标是明确的（Specific）时候，即用具体、绝对的日期或数量表现时，目标是可以被测量的。如用了多少时间，做到多少数量等，非常清晰。若目标用形容词或程度副词来设定，如“最快的时间内做到最好”等，因每个人对“最快”和“最好”的标准不同，目标就会变得很难衡量。

attainable 可达到的

这里有两层意思。第一层意思是，目标有可能在设定的时间内做到，具有实际操作的意义，而不只是一个一厢情愿的愿望、一个振奋人心的口号。如果目标不切实际、并不可行，那么不仅会徒为形式，还会对自己构成压力，影响自信心。如“我要在某年某月某日前带领我的团队做到整个部门的总营业额之百分之五十”等，设定时要充分考虑是否有切实可行的步骤，是否真的可以做到。

第二层意思是，目标需要付出努力才能做到，而不是按照常规做法就能做到。例如以一伸手就能摘到的果子作为目标就不是很有意义，以需要用尽全身力气跳起来才能摘到的果子来作为目标才有意义。假如平时的业绩已每月一百万元，目标还设定为每月一百万元就显得没有意义，通过各种努力做到每月二百万元才有设定的意义。

relevant 相关联的

这里也有两层意思：第一，目标与行动计划是相关联的，行动计划是围绕目标制订的。如目标是关于提升领导力，而行动计划却是关于公司业绩的，这二者就没有直接的关联。第二，目标与整体方向必须是相关联的、一致的。如大目标是："我要在某年某月某日（六个月内）把体重减至七十公斤"，而行动计划却只是关于公司业绩的提升，并没有关于减肥的内容，那就是没有直接的关联；又或者行动计划中只有两个月的计划是关于减肥的，那倒不如把大目标就设定为两个月。当然，你的大目标中可以有几个不同方面的目标，上述提及的只是目标和行动是否有联系或一致的问题。

track-able 可检视点的

目标与行动计划在不同阶段，要根据行动计划的特征定下检视点。当你觉得自己偏离了方向，或想调整前进的速度，甚至有一种新的体验和发现时，可以及时修正行动计划。如"到某月某日（一个月内）减至七十公斤"，并不是指到一个月结束时才去量体重，你可以天天量，也可以一周一次，在行动计划中你应该设下类似的明确的检视点。

04 参考书目

[1] GLASSER W.Choice theory: a new psychology of personal freedom[M]. New York: Harper Perennial, 1999.

[2] SATIR V, BANMEN J, GERBER J, et al. The satir model: family therapy and beyond[M]. Palo Alto, CA: Science and Behavior Books, 1991.

[3] 查理德・格理格，菲利普・津巴多 . 心理学与生活（第 16 版）[M]. 王垒，周晓林，等，北京：人民邮电出版社，2003.

[4] 郭念锋 . 国家职业资格培训教程心理咨询师（基础知识）[M]. 北京：民族出版社，2005.

[5] 黄荣华，梁立邦 . 人本教练模式 [M]. 北京：北京联合出版公司，2017.